Wir sind tabu

Vom Umgang damit,
nicht verstanden zu werden

1. Auflage 2019

© 2019 Karin Engelkamp, Herausgeberin
www.textengel.ch

© 2019 Fotos von Christoph Hofer Stumm
und Karin Engelkamp

Coverfoto von Karin Engelkamp

Herstellung und Verlag:
BoD – Books on Demand, Norderstedt

ISBN: 9783735785084

„Wer das Tabu übertritt, wird selbst tabu.“

Sigmund Freud in „Totem und Tabu“, 1913

Inhaltsverzeichnis

Karin Engelkamp

Vor einiger Zeit traf ich nach dreissig[1] Jahren eine alte Schulfreundin aus Deutschland wieder. Was für eine Freude! Wir sprachen über alte Zeiten und wie es uns inzwischen ergangen ist. Es war schön zu entdecken, dass sie noch immer ihren offenen Geist hat, interessiert ist an Neuem, an Unbekanntem.

Ich erzählte ihr, dass ich 2005 in die Schweiz ausgewandert bin und seitdem in einer Gemeinschaft lebe. „Wie interessant!", meinte sie und fragte, was wir da denn so zusammen machen. Ich erzählte ihr von unserem Zusammenleben, von offenen Beziehungen und den Herausforderungen, die darin liegen. Ich erzählte ihr von unseren Häusergemeinschaften, Quartieren ohne Zäune, gemeinsamen Gärten, unserem Feld, auf dem wir Ge-

---

[1]Die Rechtschreibung in diesem Buch folgt der schweizerischen Schreibweise ohne ß (Zitate sind jedoch original übernommen).

müse und Obst anpflanzen, von unseren Festen, Kinderwaldtagen, der vielen Musik, die wir machen. Und ich erzählte ihr von der Psycholyse, einer Psychotherapieform, bei der bewusstseinserweiternde Substanzen eingesetzt werden, weil diese, richtig angewendet, grosse Heilkraft haben. Von Tantra erzählte ich ihr, das in unserem Zusammenleben eine grosse Rolle spielt, und dass es bei Tantra um Befreiung geht.

Und schliesslich erzählte ich ihr auch vom Inzesttabu. Dass es dabei um das Tabu geht, in Beziehungen die energetischen Fakten wahrzunehmen. Wir in der Kirschblütengemeinschaft wollen dieses Tabu erforschen und die Reife entwickeln, ohne dieses Tabu miteinander zu leben.

Ganz verstehen konnte sie das nicht, aber sie fand es eine gute Idee, dass sich andere damit befassen.

Diese Reaktion hat mich berührt, sind wir als Gemeinschaft doch mit so vielen Missverständnissen, abwehrenden Reaktionen, mit so viel Gegenwehr konfrontiert, werden gar als Sekte bezeichnet, dabei befassen wir uns gerade vor allem mit der Freiheit, wie man als Mensch selbstverantwortlich sein Leben gestalten kann und gleichzeitig den Rest der Welt nicht aus den Augen verliert.

Jeder Mensch und vor allem jede Gruppe von Menschen, die die Normen der Gesellschaft infrage stellen, wird von dieser erst einmal als bedrohlich empfunden; das ist schon immer und überall so gewesen. Es ist ja auch gut und richtig, genau hinzuschauen, achtsam zu sein. Neue Bewegungen konfrontieren erst einmal wie zum Beispiel aktuell die FridayForFuture-Bewegung, aber fühlt man denn nicht relativ schnell, ob dahinter ein ehrlicher oder ein manipulierender Geist steckt?

Meine Schulfreundin hat sich noch nie mit einem möglichen Tabu rund um Beziehung und Anziehung befasst, aber dank ihres offenen Geistes würdigt sie, dass ich es tue.

Was mir an der Kirschblütengemeinschaft so gut gefällt, ist die Freiheit jedes Einzelnen, sein Leben so zu gestalten, wie er oder sie es möchte. Der Zusammenhalt erwächst aus der Absicht, die aus jedem selbst kommt: lebendig sein, experimentieren, zusammen sein auf der Basis von Freundschaft statt von Vorgaben, Tabus oder Eigeninteressen anderer. Gerade das Sich-nicht-Abgrenzen vom Rest der Welt ist ein wichtiges Kriterium der Kirschblütenbewegung im Gegensatz zu vielen etablierten Gruppierungen wie Vereinen, Parteien, Religionsgemeinschaften bis hin zu Staaten, in die wir Menschen den Planeten, der unser aller Zuhause ist, einteilen.

Wie schön wäre es, sich noch mehr gemeinsam mit intelligenten Leuten den grossen Fragen des Lebens widmen zu können, statt so viel Energie vergeuden zu müssen in der Beschäftigung mit Macht-, Neid- und Autoritätskonflikten, mit bürokratischen Schriftstücken und dem Zwang, sich für etwas verteidigen zu müssen, das gar nicht zu einem gehört.

Karin Engelkamp, im Mai 2019

Zusammen leben – Informationen zur Kirschblütengemeinschaft

Wir sind eine noch junge, kinderreiche Gemeinschaft (Gründung ca. 1996/97) von ca. 120 Erwachsenen und fast 100 Kindern und Jugendlichen, die sich vor allem in Nennigkofen, Lüsslingen, Solothurn und Umgebung im Schweizer Mittelland niedergelassen hat. Aber auch weiter entfernt und im Ausland befinden sich Menschen, die mit uns im Herzen verbunden sind.
Wir leben zusammen. Über gemeinsame Mittagstische, musizieren und singen, selbst organisierte Kino- und Tanzabende und über unsere gemeinsame Kinderbetreuung und -erziehung sind wir im alltäglichen Leben miteinander verwoben. Auch gemeinsame Arbeit und verschiedenste Projekte erfüllen unser Dasein.

Selbsterkenntnis, Tantra und echte Gemeinschaft

Das, was uns aber zusammengeführt hat, ist vor allem unser Interesse an der Selbsterkenntnis. Darin und auch in der Freude an der tantrischen Auseinandersetzung haben wir uns um Samuel und Danièle Nicolet Widmer, welche den Kristallisationspunkt für unser Zusammenfinden bilden, versammelt.

Durch die therapeutische Arbeit und Seminartätigkeit von Samuel Widmer und Danièle Widmer Nicolet ist unsere Gemeinschaft eingebettet in ein grosses und weit gestreutes, gemeinschaftsbildendes Feld von hunderten, wenn nicht tausenden von Menschen, in dem sie gleichzeitig das Zentrum bildet. Unsere Verbindung ist deshalb vorwiegend eine innere. Uns alle bewegen die grossen Lebensfragen um Liebe, Nähe, Beziehung, Unverbrüchlichkeit, befreite Sexualität, Erziehung, Glücksfähigkeit und Erleuchtung ... Was heisst Mensch-Sein wirklich?

Transzendieren gesellschaftlicher Konditionierungen

Wie lässt es sich würdevoll in einem gemeinschaftlichen Feld leben, in dem Liebe und Mitgefühl nicht an den Grenzen der Paarbeziehung aufhören, sondern sich darüber hinaus weiterentfalten dürfen? Darf die Liebe auch körperlich völlig frei sein?

Oder eine Frage, die gegenwärtig gerade sehr aktuell wird: Wie können wir gerechter mit Geld umgehen? Denn unser Umgang mit Geld ist Ausdruck unserer Beziehung zueinander und bestimmt diese wesentlich mit. Ist es möglich, das Geld zu teilen? Welche innere Haltung ist hierfür notwendig und welche äusseren Voraussetzungen müssen geschaffen werden?

Und vor allem: Welche Konditionierungen, die wir durch Erziehung, Gesellschaft und die bisherige Geschichte der Menschwerdung übernommen haben, gilt es zu transzendieren?

Leben in Gemeinschaft

Über solche Fragen stehen wir täglich miteinander in Beziehung. Die Antworten darauf können nur gelebt werden. Sie fordern ein Sich-Einlassen auf allen Seinsstufen, ohne Wenn und Aber, und ein Brechen mit allen Konditionierungen und Lebensmustern.

In Gruppen und an Gemeinschaftsabenden arbeiten wir gemeinsam daran. Denn es sind zwar Fragen, auf die jeder für sich allein und eigenverantwortlich eine Antwort finden und die daraus folgenden Konsequenzen tragen muss, aber niemand kann sie alleine lösen. Dazu braucht es Freunde, Beziehung, Gemeinschaft, Unverbrüchlichkeit. Ein ganzes Leben oder mehr könnte dazu nötig sein.

Unser tiefer Wunsch, über Antworten auf diese Fragen nicht nur zu reden, sondern sie vor allem miteinander zu leben, hat uns hier zusammengeführt. Ein Feld miteinander zu schaffen, in dem nicht die Angst vor Verlust und die Gier nach Besitz, sondern die Liebe ihre Kraft ungehindert entfalten darf, ist unsere Leidenschaft. Darin experimentieren wir und das ist unser Glück.

Group of all Leaders

Im Unterschied zu anderen Gemeinschaften verstehen

wir uns als sehr luftige Gemeinschaft, als Kirschbaum-
blütenblätter im Wind, die sich wenig Strukturen und
keiner Ideologie verpflichten wollen. Wichtig ist uns das
Alleinstehen jedes Einzelnen im gemeinsamen Feld.
Autorität in jeder Form und Hierarchie, die sich nicht aus
den natürlichen Kräfteverhältnissen selbstverständlich
ergibt, lehnen wir als gemeinschaftsfeindlich ab. Her-
kommend von Psychotherapie und Selbsterkenntnis
geben wir uns einer tiefen Spiritualität hin, die ohne
speziell politisch ausgerichtet zu sein, trotzdem in der
Welt wirkt.

Gemeinschaftliches Wirken – gemeinsam kreativ sein
Wir freuen uns, dass sich unser Leben zunehmend auch
in ein gemeinsames Arbeiten entfaltet. Wir haben aufgrund des Interesses an unserer Gemeinschaft und unserem Leben ein vielfältiges Kurs- und Therapieangebot
zusammengestellt. Dieses richtet sich an Menschen, die
sich von unserem Weg angesprochen fühlen und sich
ernsthaft den eigenen Lebensthemen und Fragen zwischen Alleinsein und Gemeinschaft stellen wollen. Es
bildet auch den Kern eines grossen Projektes,
einer Therapeutisch-Tantrisch-Spirituellen Universität,
das wir in Angriff genommen haben und aus dem heraus
eine ganze Reihe von Angeboten, in denen wir unsere Erfahrungen mit Gemeinschaft, mit Psychotherapie und
mit spiritueller Entwicklung weiterreichen, hervorfliess-
sen soll.

„Mehrere Menschen zu lieben, berührt ein Tabu in uns, das tiefste, am stärksten in uns verankerte Tabu, das den Kitt in all unserer Konditionierung bildet und unseren Geist niederhält in der Enge der Nicht-Liebe: das Inzesttabu. Schwer zu verstehen, schwer zu erklären, durchdringt es unser ganzes Leben, bis wir uns von ihm befreit haben. Blutschande. Die Liebe hat nicht Platz in uns, solange ihr Platz von dieser Schande besetzt bleibt.“

Samuel Widmer

Kontroversen I ... mit Fachgesellschaften und anderen Institutionen

Echte Psychotherapie[2]

Echte Psychotherapie versteht sich nicht als eine neue Methode, die sich von allen anderen Verfahren abgrenzt, sondern im Gegenteil als eine Rückbesinnung auf eine Haltung, wie sie verfahrensunabhängig zur Psychotherapie ursprünglich ganz allgemein gehörte. Es ist eine revolutionäre Haltung, welche sich getraut, krankmachende Werte der Gesellschaft infrage zu stellen, und eine Haltung der Menschlichkeit, der Liebe und Einheit, die eben gerade alles einschliesst. Jeder Therapeut, zu welcher Schule er auch immer gehört, der sich diese Haltung, die heute zunehmend verloren geht, erhalten hat, ist für uns ein Echter Psychotherapeut.

Dass es trotzdem Missverständnisse geben wird, ist unserer Meinung und Erfahrung nach unvermeidlich. Eigenartigerweise steht man in unserer Welt ziemlich allein da, wenn man das Ganze vertritt.

Echte Psychotherapie

Im Unterschied zur angepassten Psychotherapie hat die Echte Psychotherapie die Befreiung von der menschlichen Konditionierung und damit die Befreiung zur Liebe zum Ziel, nicht die Anpassung an gesellschaftliche Normen. Diese Art der Freiheit beinhaltet menschliche

---

[2] Dieser Text ist der Avanti-Homepage entnommen: www.aerztegesellschaft-avanti.org

Reife, Intelligenz, Verantwortung, Mitgefühl, Liebesfähigkeit und eine Klarheit darüber, wer man ist und was man braucht und will, also ein Wissen von den eigenen und allgemein menschlichen psychologischen Zusammenhängen. Ausser der üblichen Therapieausbildung ist die wichtigste Ausbildung für die Therapeutin die eigene Selbsterkenntnis und Therapie, die ihr helfen, ein liebes- und beziehungsfähiges Wesen zu werden.

Das wichtigste, therapeutisch wirksame Instrument ist die Beziehung zwischen Therapeut und Klient. Obwohl diese im therapeutischen Rahmen stattfindet, ist sie doch eine echte zwischenmenschliche Beziehung auf der Basis von Gleichheit und Ehrlichkeit, alles andere wäre Betrug. Diese Beziehung wird geregelt durch das gegenseitige Wollen der Beteiligten, nicht wie in der angepassten Psychotherapie durch Verbote, Richtlinien und Tabus, da dies völlig verschiedene Wege sind, die auch unterschiedliche Ergebnisse hervorbringen. Dies beinhaltet, dass Unterschiede in der Reife und in der Fähigkeit, für sich die Verantwortung zu übernehmen sowie eine Abhängigkeit des Klienten vom Therapeuten durch diesen wahrgenommen und berücksichtigt werden.

In der Echten Psychotherapie werden Tabus angegangen; es wird ein bewusster Umgang mit Sexualität gefördert und ein Bewusstsein für Wirklichkeit und Wahrheit angestrebt. Obwohl in aller Regel eine sexuelle Beziehung zwischen Therapeut und Klient dem Klienten schadet und deshalb darauf verzichtet werden muss, darf man die Wahrnehmung einer solchen Möglichkeit nicht von vornherein ausschliessen, weder durch ein Tabu, noch durch ein Verbot. Der stimmige Umgang muss jedes Mal in einer lebendigen und wahrhaftigen Auseinandersetzung von Du zu Du herausgeschält werden, da sonst die Lebendigkeit der Beziehung verloren geht.

Die psycholytische Arbeit soll, bei entsprechender Indikation, einen wichtigen Teil eines solchen Prozesses bilden können. Die menschliche Würde und Freiheit stehen an erster Stelle. Die Klientin ist für ihre Therapie selbst verantwortlich und bestimmt allein durch ihr Wollen, wie weit und in welchem Tempo sie weitergehen will. Die Therapeutin nimmt eine offene, liebevolle, aber passive Haltung ein. Die Klientin hat die Verantwortung dafür, was in der Therapie passiert, die Therapeutin unterstützt sie dabei. Die Therapeutin will nichts für sich und findet durch ein waches, aufmerksames und verantwortungsvolles Schauen in jedem Moment die stimmige Haltung oder Handlung, die der Entwicklung der Klientin am besten dient.

Erläuterungen zur Echten Psychotherapie

Wenn wir von Liebe sprechen, meinen wir nicht Sex und natürlich auch nicht sexuelle Grenzüberschreitungen, sondern eine innere Haltung von Liebe und Mitgefühl, die Verantwortungsbewusstsein und ein Gefühl für Stimmigkeit beinhaltet. Liebe und Missbrauch schliessen einander aus!

Der therapeutische Raum soll allein dem Klienten zur Verfügung stehen und die Therapie in erster Linie seinem Wohl und seiner Gesundheit dienen. Daher sollte der Klient vollumfänglich bestimmen, welche Themen er besprechen möchte. Auch Themen um Sexualität und ggf. auch Gefühlen sexueller Anziehung zum Therapeuten sollten – wie seit jeher in der Psychoanalyse praktiziert – im therapeutischen Prozess nicht tabuisiert werden müssen, sondern thematisiert werden dürfen. Sie sollten innerhalb des therapeutischen Rahmens gemeinsam ehrlich wahrgenommen und reflektiert werden dürfen. Für eine solche gemeinsame Reflexion dieser Thematik betonen wir die Wichtigkeit der Selbsterkenntnis des Therapeuten im Rahmen seiner Selbsterfahrung und Supervision sowie einer humanistischen Grundhaltung entsprechend der personenzentrierten Gesprächstherapie nach Carl Rogers («Kongruenz», «Empathie» und «bedingungslose positive Zuwendung»). Die Ehrlichkeit und Authentizität der Therapeuten ist dabei essenziell, auch für das Ermöglichen einer korrektiven Erfahrung für die Klienten.

Es geht uns also um die bewusste Wahrnehmung, das Fühlen von und das Sprechen über Tabuthemen, nicht um das Vollziehen von (missbräuchlichen) Handlungen. Dies betrifft eigentlich alle Themen. Die Betonung auf dem Thema rund um Sexualität liegt daran, dass dies einen grossen Aufruhr verursacht und wir uns diesbezüglich besonders deutlich erklären müssen. Aber dies gibt ein völlig falsches Bild ab, als würden wir uns hauptsächlich oder nur mit Sexualität beschäftigen. Dies ist überhaupt nicht so. Es geht darum, überhaupt über alles sprechen zu können und dadurch eine Stimmung in der Therapiestube zu schaffen, in der man als Klient angstfrei sich selbst sein kann. Die Sexualität ist dabei nur eines von vielen Themen.

Wenn man von Echter Psychotherapie spricht, impliziert das ja automatisch, dass es auch eine unechte Psychotherapie gibt. Was ist in einhundertzwanzig Jahren Psychotherapie geschehen, dass sich heute zwei Psychotherapien gegenüberstehen? Die Bezeichnung Echte Psychotherapie soll wachrütteln und auf die ursprüngliche Eine Psychotherapie hinweisen. In der Psychotherapie ist es die Beziehung, die heilt. Und Psychotherapie ist dann echt, wenn die Beziehung echt ist. Der Klient lernt in der therapeutischen Beziehung für seine anderen Beziehungen in seinem Leben, sagt Irwin Yalom[3]. Wie soll er da etwas für sein Leben lernen, wenn die therapeutische Beziehung keine echte, sondern eine funktionale ist? Wie soll da etwas heil werden?

Ziel jeder Psychotherapie sollte der reife, verantwortungsfähige, liebesfähige, autonome und mündige Mensch sein. Ein solch gereifter Mensch tut – analog dem Dictum von Augustinus «Liebe, und dann tue, was du willst!» das Richtige, das Stimmige, das Angemessene nicht in der gedankenlosen Unterwerfung unter Regeln und Paragrafen, sondern aus Einsicht. Obwohl die Handlung die gleiche ist, z.B. der Verzicht auf missbräuchliche Handlungen, liegt ein bedeutsamer Unterschied in der inneren Motivation: Wenn der eine einfach einem Gesetz folgt, ohne dies ernsthaft reflektiert zu haben, handelt

---

[3] Irvin David Yalom (* 13.06.1931), US-amerikanischer Psychoanalytiker, Psychotherapeut, Psychiater und Schriftsteller, gilt als bedeutendster lebender Vertreter der existenziellen Psychotherapie. Er ist Träger des Internationalen Sigmund-Freud-Preises für Psychotherapie 2009. Quelle: Wikipedia

der reife oder aufgeklärte Mensch aus eigener innerer Überzeugung und aus innerer Freiheit heraus.

Ziel oder «ideales» Ergebnis einer Psychotherapie in unserem Sinne ist somit die Heilung des Klienten bis zu dem Punkt, an dem er vollständig nachgereift, mündig und liebesfähig ist und die Therapie beendet wird, da der Klient sich aus der Abhängigkeit in der Therapiebeziehung löst und dem Therapeuten als Mensch «auf Augenhöhe» begegnet.

Wir sind uns darüber im Klaren, dass nur die wenigsten Therapien diesen idealen Verlauf nehmen. Sollte es zur völligen Auflösung der Asymmetrie bzw. Abhängigkeit in der Beziehung kommen und die Therapie beendet sein, vertreten wir die Ansicht, dass diese beiden Menschen, die sich nun ausserhalb der Rollen von Therapeut und Klient und in ihrer persönlichen Reife auf Augenhöhe begegnen, frei sein sollten zu entscheiden, ob und ggf. wie sie eine weitere Beziehung gestalten wollen. Dies entspricht den Forderungen der allgemeinen Erklärung der Menschenrechte von 1948. Die von manchen Protagonisten vertretene Ansicht, dass die Auflösung von Abhängigkeitsverhältnissen oder ödipalen Übertragungsphänomenen unmöglich sei, betrachten wir als eine Bankrotterklärung der Psychotherapie.

„Alles weist zwar darauf hin, dass wir nicht darum herum
kommen, wirklich ganz und auf allen Ebenen Beziehungen
teilen zu lernen, dass dies ein unumgänglicher evolutiver
Schritt ist, der für unser Überleben auf diesem Planeten unaus-
weichlich ist, und gleichzeitig ist auch offensichtlich, dass wir
im Moment noch nicht fähig sind dazu, überfordert sind durch
dieses Problem.“

Samuel Widmer

Zwei unterschiedliche Haltungen im Umgang mit dem Inzesttabu in der Psychotherapie

Ein medizinethischer Essay

Dr. med. Manfred Dreier, 15. März 2019

Einleitung

Patientinnen und Patienten werden durch entsprechende Artikel im Strafgesetzbuch und durch die ärztliche Berufsethik (Eid des Hippocrates, Standesregeln) vor seelischer, materieller oder sexueller Ausnutzung geschützt. Ich untersuche in diesem Essay die Fragestellung, ob in der Psychotherapie Verbote und Richtlinien, die darüber hinaus aufgestellt werden, eine therapeutische Beziehung vor Missbrauch schützen, oder ob sie im Gegenteil dem Gelingen der Therapie im Wege stehen. Ich werde zwei Standpunkte herausarbeiten: Vertreter des ersten Standpunktes sind Befürworter zusätzlicher Gesetze und Richtlinie und wollen damit erreichen, dass Missbrauch in der Therapie vorgebeugt, verhindert und bestraft werden kann. Vertreter des zweiten Standpunktes sehen diese Gesetze und Richtlinien ursächlich mitbeteiligt an der Entstehung von Missbrauch und Übergriffen. Sie plädieren dafür, dass einem Arzt nicht über den Weg von Verboten, sondern durch Anleitung und Unterstützung im Wahrnehmen und Erforschen seiner eigenen Tabus und des daraus resultierenden Handelns eine Orientierung gegeben werden soll. Die Arzt-Patient-Beziehung unterscheidet sich – zumindest zu Beginn – grundlegend von derjenigen zwischen zwei Menschen, die sich auf privater Basis treffen. Darin stimmen gesunder Menschenverstand und geschulter Fachverstand überein. In privaten Beziehungen ist es das gegenseitige Interesse, das zwei Menschen zusammenführt. Die beteiligten erwachsenen Personen handeln die Beziehungsmotive und die Möglichkeiten und Grenzen ihrer Beziehung selbstbestimmt aus. Im Unterschied dazu ist in einer therapeutischen Beziehung das Beziehungsmotiv die Erwartungshaltung des Patienten auf eine Heilung oder Linderung seines Leidens. Es besteht hier also eine Asymmetrie. Die Hilfsbedürftigkeit kann den Patienten in eine Abhängigkeit dem Arzt gegenüber führen. Geht man davon aus, dass ein solcher hilfesuchender Patient nicht in gleichem Masse wie der Arzt für seine Rechte und seinen Schutz einstehen kann, ist zu verstehen, dass Vertreter des ersten Standpunktes Gesetze und Richtlinien befürworten, um den Patienten zu schützen.

Um den zweiten Standpunkt genauer zu erläutern, muss man tiefer in die psychoanalytische Theoriebildung blicken. Sigmund Freud erkannte, dass ein Kind von frühester Entwicklung an libidinöse Gefühle hat und sexuelle Anziehung und Erregung erlebt. Im Alter von vier bis sechs Jahren richten sich diese speziell auf den gegengeschlechtlichen Elternteil. Es ist in nahezu allen Kulturen der Welt verbreitet, dass einem Kind beigebracht wird, dass diese Gefühle nicht in den nahen Verwandtschaftsbeziehungen wahrgenommen oder ausgelebt werden dürfen. Dem Kind wird dies über den Mechanismus der Tabuisierung beigebracht. Das Kind erlebt eine Spaltung zwischen den Gefühlen, die offensichtlich da sind, und der fehlenden Ansprache und Resonanz im Erwachsenen. Das ist das Inzesttabu. Spätestens mit dem Aufkommen der Geschlechtsreife wird das Kind vom gegengeschlechtlichen Elternteil endgültig zurückgewiesen, aus Scham des Erwachsenen vor seiner eigenen sexuellen Erregung und aus Angst, einen Missbrauch zu begehen. Da dies ohne bewusste Kommunikation passiert, kann es für das Kind unverständlich bis hin zu traumatisierend sein. Je stärker die Tabuisierung war, desto stärker bleiben inzestuöse Wünsche bestehen und können sich in pädophilen Neigungen niederschlagen. Viele psychische Erkrankungen sieht man als Ergebnis von Störungen in der ödipalen Phase.

In einer Psychotherapie werden Liebesübertragungen und sexuelle Anziehung reaktualisiert auf den Therapeuten wahrgenommen. Die Therapie führt durch die Aufdeckung und Bearbeitung dieser inzestuösen Beziehungswünsche. Schon vor über einhundert Jahren erkannte Freud die Zwickmühle, die sich für Therapeuten aus dieser Situation ergibt, einerseits die libidinösen Wünsche ans Licht zu holen und andererseits nicht mit persönlichen Wünschen auf die Liebesübertragung zu reagieren. Freud weigerte sich aber, daraus ein Verbot oder eine Moralvorschrift zu formulieren. Man könne ja leicht erwarten, dass er (Freud) postuliere, dass ein Arzt die ihm angebotene Zärtlichkeit zurückweisen soll und dass er bei der Klientin erreichen soll, dass sie von ihrem Verlangen ablasse. *«Ich werde aber diese Erwartungen nicht erfüllen, weder den ersten noch den zweiten Teil derselben. Den ersten nicht, weil ich nicht für die Klientel schreibe, sondern für Ärzte, die mit ernsthaften Schwierigkeiten zu ringen haben, und weil ich überdies hier die Moralvorschrift auf ihren Ursprung, das heisst, auf Zweckmässigkeit zurückführen kann.»*[4] Und weiter: *«Noch entschiedener werde ich aber dem zweiten Teile der angedeuteten Erwartung absagen. (...) Man hätte ja dann das Verdrängte nur zum Bewusstsein gerufen, um es erschreckt von neuem zu verdrängen.»* Freud schreibt also, dass er in Sachen Liebesübertragung keine Moralvorschrift (= Verbot) vertritt, sondern dass diese durch *«Rücksichten der analytischen Technik zu ersetzen»*[5] seien. Die richtig angewandte therapeutische Technik impliziert, dass es dem Arzt um die Heilung des Patienten geht, und er deshalb an sich selbst den Anspruch einer hohen moralischen Integrität hat. Das berühmte Freud-Zitat, die Therapie habe in Abstinenz zu erfolgen, ist als Appell an die moralische Integrität und nicht als Vorschrift oder Verbot zu verstehen. Freud umreisst hier den wesentlichen Kern der Heilung. Eine durch Verbote und Tabus entstandene Erkrankung kann nicht in einem therapeutischen Raum geheilt werden, der den gleichen Mechanismen unterworfen ist. In modernerer Sprache umschreibt dies Samuel Widmer wie folgt:

«Keine Beziehungsangelegenheit kann durch Verbote, Gebote und Tabus geregelt werden; jeder diesbezügliche Versuch wird

---

[4] Freud, S. (1931). Schriften zur Neurosenlehre und zur psychoanalytischen Technik (1913-1926). Рипол Классик. S. 401 ff
[5] ebenda

lediglich zur Beendigung des Bezogenseins führen. Es braucht – und dies unter anderem auch um die Frage des Inzesttabus – eine lebendige und wahrhaftige Auseinandersetzung von Du zu Du.»[6] Für die Therapie bedeutet dies laut Widmer *«(...) dass auch im therapeutischen Prozess der therapeutische Auftrag erst geglückt sein kann, wenn es gelungen ist, die therapeutische Beziehung aus ihrem Muster und aus allen Mustern überhaupt herauszuführen in ein lebendiges, einmaliges, authentisches und erwachsenes Bezogensein von Du zu Du (...).»*[7] Was Freud andeutet, benennt Widmer klar: Heilung ist die Befreiung einer Beziehung von ihren regelnden Verboten und Tabus. Was dem Patienten in seinem Leben gelingen soll, muss seinen Anfang in der Therapie finden.

Rekonstruktion der Argumente

Für den ersten Standpunkt, dass die Beziehung zwischen Arzt und Patient durch Gesetze und Richtlinien geregelt werden muss, lassen sich folgende Argumente formulieren:

1 a Die Beziehung zwischen Arzt und Patient ist – zumindest zu Beginn – eine asymmetrische. Dem Patienten sind nicht die gleiche Verantwortungsübernahme und Willenskraft, sich für seine Bedürfnisse und seine Grenzen einzusetzen, zuzugestehen.

1 b Der Arzt erhält durch Gesetze einen Rahmen, worin er sich bewegen kann. Dies gibt ihm Sicherheit.

1 c Ist der therapeutische Raum durch die Abstinenz ge-

---

6 Samuel Widmer, Des Kaisers Nacktheit – des Kaisers Dummheit, 2003, Basic Editions, S. 275
7 ebenda

schützt, kann der Patient in frühere kindliche Persönlichkeitsanteile regredieren und da durch geeignete therapeutische Massnahmen Heilung erfahren.

Gegenargumente gegen den ersten Standpunkt:

2 a Verbote erreichen nicht die Wirkung, die sie versprechen bzw. wozu sie errichtet worden sind. Obwohl solche Gesetze und Richtlinien seit Jahrzehnten bestehen, bleibt die Zahl derer, die sie übertreten, unverändert hoch. Es werden Zahlen genannt von 7–11 % aller männlichen und 2–3,5 % aller weiblichen Psychotherapeuten, die mindestens einmal in ihrer Berufslaufbahn ein sexuelles Fehlverhalten begehen[8]. Dabei ist die Zahl der Wiederholungstäter hoch: in Studien werden 33-80 % genannt[9].

2 b Ein Verbot führt dazu, dass die Mehrheit der Ärzte dies zwar akzeptiert, aber nicht aus Einsicht oder innerer Überzeugung, sondern vor allem aus Anpassung oder Angst vor Strafe. Ein angepasster oder verängstigter Arzt wird seine eigenen libidinösen und sexuellen Gefühle verdrängen. Es bildet sich in ihm ein Tabu aus.

2 c In der Therapie kann das dazu führen, dass Ärzte unbewusste Signale aussenden, und damit die Liebesübertragung eher in ungünstiger Weise anheizen. Da für beide Seiten nicht bewusst, kommt es zu Missverständnissen, was in der Regel in die Zurückweisung

---

[8] Franke, I., Riecher-Rössler, A. (2013). Frauen als Opfer von professionellem sexuellem Fehlverhalten (PSM) durch Psychotherapeuten. Ärztliche Psychotherapie, 8: Seite 200
[9] ebenda

des Patienten mündet, was eine Wiederholung der meist erfahrenen früheren Zurückweisungen ödipaler Liebesgefühle bedeutet.

Der zweite Standpunkt besagt, dass die Arzt-Patienten-Beziehung weder durch Verbote, noch durch Gebote geregelt werden soll. Argumente dafür sind:

3 a Das Verbot führt zur Beendigung des lebendigen Bezogenseins. Die beiden involvierten Personen stehen nicht mehr von Mensch zu Mensch in Beziehung, sondern über den Bezugsrahmen eines funktionalen Therapieverhältnisses.

3 b Die Argumente 2 b und c gelten hier entsprechend auch.

3 c Tabu und Missbrauch gehen Hand in Hand. Um die Ursachen von Missbrauch aufzudecken, muss man das Tabu darum lüften.

3 d Der absolut garantierte abstinente therapeutische Raum vermag nicht, die ödipale Liebesübertragung zu reaktivieren. Es ist die zumindest theoretisch nicht ganz ausgeschlossene Möglichkeit, sich auf den Arzt einlassen zu können, die diese verdrängten Gefühle ans Licht holen kann.

3 e Soll eine therapeutische Beziehung den Patienten in die Freiheit von Konditionierung und Tabus und in die Selbstverantwortung führen, muss ihm dies von Anfang an zugestanden werden. Ihm dies nicht zuzugestehen, hält den Patienten klein und abhängig.

Gegenargumente gegen den zweiten Standpunkt:

4 a Nur dass ein Verbot sich nicht ganz durchsetzen lässt, heisst nicht, dass dieser nicht aufzustellen sei.

4 b Genauso wenig wie ein Verbot den Missbrauch vollständig beseitigen kann, wird auch eine Aufhebung des Verbotes dies nicht erreichen können.

4 c Die Argumente 1 a-c gelten hier entsprechend auch.

Diskussion

Es lassen sich drei Diskussionsfelder umreissen. Erstens das Thema Missbrauch, die Ursache desselben und der Schutz der Patienten davor (Argumente 1 a-c, 2 a, 3 c, 4 a und b). Zweitens die Frage, welche Implikationen das Vorhandensein oder Nichtvorhandensein eines Verbots auf die therapeutische Beziehung hat (Argumente 1 b, 2 b und c, 3 a, b und d). Und drittens, zu welchem Ergebnis eine Therapie gemäss dem einen oder dem anderen Standpunkt führt (Argumente 1 c, 2 b und c, 3 a, b, d, e).

Im ersten Diskussionsfeld sprechen für den ersten und gegen den zweiten Standpunkt, dass tatsächlich Verfehlungen (sexueller Missbrauch, Ausbeutung etc.) passiert sind und zum Schutz der Betroffenen Verbote und Richtlinien aufgestellt worden sind. Der Diskurs in Fachkreisen und in der Öffentlichkeit führte zu einer Sensibilisierung für die Thematik und gab Betroffenen eine klare Leitlinie, was in Ordnung ist und was nicht. Dadurch, dass das Vergehen einen Namen bekommen hat (therapeutischer Inzest), wurde für viele das Unrecht erst fassbar, und sie konnten sich dagegen zur Wehr setzen. Vertreter des zweiten Standpunktes streichen heraus, dass auch für Sie der Schutz der Patienten oberstes Prinzip ist (primum non nocere). Auch für sie ist es eine Selbstverständlichkeit, die Würde des Patienten und seine sexuelle Integrität zu wahren. Der Verzicht auf Verbote und Richtlinien zielt für sie nicht darauf ab, den therapeutischen Inzest zu begehen, sondern die zugrunde liegenden Ursachen aufzudecken. Das Inzesttabu ist der Nährboden für Missbrauch. Die Tabuisierung ödipaler Liebesregungen und sexueller Anziehung führt zu einer Wahrnehmungsschranke, einem Entfremden von der Wahrheit zwischen zwei Menschen. In diesem Zustand, in dem man nicht mehr ganz mit sich und mit dem Gegenüber in Kontakt ist, besteht die Gefahr, unstimmige Impulse auszuleben und Grenzen des Gegenübers zu überschreiten. Das Tabu muss deshalb aufgedeckt werden, damit die Entstehung des Missbrauchs sichtbar wird und bearbeitet werden kann.

Im Zentrum des zweiten Diskussionsfeldes steht die Frage, welche Implikationen das Vorhandensein oder Nichtvorhandensein eines Verbots auf die therapeutische Beziehung hat. Vor allem in psychoanalytischen Kreisen wird die therapeutische Abstinenz als Raum gesehen, in dem sich Beziehungsfantasien und Übertragungsgefühle ausbreiten und angeschaut werden können. Daraus wird heutzutage abgeleitet, dass die therapeutische Beziehung durch Richtlinien und Verbote geregelt werden muss. Nur dagegen und nicht gegen den ersten Teil richten sich die Gegenargumente und folgen damit Freud. Eine Beziehung, die durch Richtlinien und Verbote geregelt ist, ist eine funktionale Beziehung. Zu den zwei Personen gesellt sich noch ein Drittes, der Bezugsrahmen, in dem die Beziehung stattfinden darf. Und damit sind auch weitere Personen in dieser Beziehung «anwesend», nämlich regelnde und strafende Elternfiguren, Lehrer, Supervisoren, Gesetzgeber etc.. Beim Patienten werden diese als Introjekte bezeichneten Persönlichkeitsanteile als Ursache der Neurosenbildung gesehen. Ziel der Psychotherapie ist es, solche oft widersprüchlichen Anteile und Impulse und ihre Motive dahinter bewusst zu machen und zu verstehen. Verständnis und Einsicht erwirken dann die Heilung. Wenn Vertreter des ersten Standpunktes auf der Rechtmässigkeit und der Notwendigkeit von Gesetzen und Richtlinien bestehen, nehmen sie nicht nur in Kauf, dass dieses Dritte, das Verbot, beim Patienten anwesend ist, sondern auch beim Arzt. Er wird sich auch beobachtet fühlen und dazu neigen, sich unnatürlicher und förmlicher zu verhalten. Er wird seine libidinösen Gefühle und sexuellen Impulse ins Unterbewusste verdrängen, von wo aus sie möglicherweise unkontrollierte Auswirkungen zeigen. Es entsteht ein blinder Fleck. Erst in der Freiheit, wahrnehmen zu dürfen, was ist, kann ein Therapeut erkennen, welche Gefühle ihn bewegen und wie er mit diesen zum Wohle des Patienten umgehen kann. Selbsterfahrung und supervisorische Begleitung brauchen diesen offenen und freien Raum; ein Verbot bringt eine moralische Bewertung ins Spiel, die zu Schambehaftung und Tabuisierung libidinöser Gefühle führen kann. Vertreter des zweiten Standpunktes sehen es als notwendige Voraussetzung für das Gelingen einer Therapie, dass die Möglichkeit einer realen Beziehung zum

Therapeuten offen stehen muss. Die Aussicht, mit dem Therapeuten privat von Du zu Du in Beziehung stehen zu können, ist das Licht am Horizont, das für den therapeutischen Prozess die Richtung vorgibt. Es ist das Idealbild, aus dem sich die Schritte im therapeutischen Prozess ableiten.

Das dritte Diskussionsfeld ergründet die Frage, zu welchem Ergebnis eine Therapie gemäss dem einen oder dem anderen Standpunkt führt. Der erste Standpunkt gibt einen klaren Rahmen für die Therapie vor. Schwierigkeiten tauchen dann um die Frage auf, wie eine Arzt-Patient-Beziehung eingeordnet werden soll, wenn die Therapie beendet worden ist. Besteht die Rollenverteilung und das besondere Schutzbedürfnis des Patienten weiter? An diesem Punkt herrscht unter Fachleuten keine Einigkeit darüber, ob es nach Abschluss der Therapie noch weitere Regelungen braucht, und wie diese auszusehen haben. Besser als Gesetze und Richtlinien helfen hier dem Arzt ethische Prinzipien weiter. Die von Beauchamp et al.[10] formulierten Prinzipien der Autonomie, des Nichtschadens, der Fürsorge und der Gerechtigkeit geben dem Arzt eine Orientierung, ohne ihm für den konkreten Fall einschränkende Weisungen zu geben. Der zweite Standpunkt sieht, dass während eine funktionale Beziehung und ein Gefälle in der Arzt-Patient-Beziehung in vielen Bereichen der Medizin weder störend noch dem Ergebnis abträglich sind, es in der Psychotherapie eng mit dem zu behandelnden Problem verknüpft ist. Die

---

[10] Beauchamp, T. L., & Childress, J. F., Principles of biomedical ethics, 2001, Oxford University Press, USA.

Heilung besteht in der Überwindung der Rollenverteilung und des Gefälles in der Beziehung. Das Therapieziel
und das Ergebnis nach Abschluss einer Therapie ist
massgeblich vorweggenommen von der Prämisse, die ein
Arzt zu Beginn der Therapie wählt. Entweder stellt er die
Schutzbedürftigkeit in den Vordergrund und setzt damit
ein Gefälle in der Arzt-Patient-Beziehung fest, oder er
traut dem Patienten von Anfang an zu, in der Beziehungsgestaltung innerhalb Therapie dem Arzt gleichgestellt zu
sein. In letzterem Fall wird der Schutz des Patienten nicht
durch ein Gesetz, sondern durch die ethisch-menschliche
Haltung des Arztes gewährleistet. Ein Arzt, dem es um
das Wohl und die Genesung des Patienten geht, kommt
auch ohne Regelung nicht auf die Idee, den Patienten für
seine eigenen Bedürfnisse zu missbrauchen.

Schlussfolgerung und Stellungnahme

Die beiden Standpunkte basieren auf zwei unterschiedlichen Menschenbildern. Vertreter des ersten Standpunktes sehen den Patienten als durch den Arzt gefährdet und
wollen ihn durch Gesetze und Richtlinien schützen.
Effektiv machen sie dadurch den Patienten klein. Und
genauso wird der Arzt klein gemacht, indem sie ein
Gesetz über ihn stellen. Der auf diese Weise entmündigte
Arzt neigt dazu, nicht die volle Verantwortung für sein
Handeln zu übernehmen. Vertrotzung und die Lust am
Verbotenen werden geschürt. Und insgeheim hofft ein
solcher Arzt, dass eine höhere Instanz die Verantwortung
für sein Handeln übernimmt und er im Falle einer Ent-
gleisung lediglich mit einer Strafsanktion, nicht aber mit

der vollen Verantwortung für sein Tun konfrontiert wird. Diese bereits zu Beginn festgelegte Prämisse in der Arzt-Patient-Beziehung wird in der Therapie nicht wirklich angeschaut und aufgelöst. Somit bleibt das Problem bei Abschluss der Therapie bestehen. Die vorzuweisenden Ergebnisse der Therapie sind demnach Symptomlinderung und ein besseres Funktionsniveau in der Arbeit und in Beziehungen. Ein Erwachsensein, eine Reifung und Loslösung aus gesellschaftlichen Abhängigkeiten ist dadurch nicht zu erreichen. Es sei denn, ein Patient ermächtigt sich selbst und lässt mit seinen biografischen Abhängigkeiten auch diejenige der therapeutischen Beziehung hinter sich. In einem solchen Fall wird sich in der Folge zeigen, ob der Arzt die funktionale Therapiebeziehung in sich auch gelöst hat und er einem solchen Patienten als „privater" Mensch gegenübersteht, oder ob er auf dem Beziehungsrahmen beharren und den Patienten als Privatmensch zurückweisen wird. Vertreter des zweiten Standpunktes sehen – wie in jeder anderen Beziehung auch – die volle Verantwortung für die therapeutische Beziehung bei beiden involvierten Personen. Ethische Prinzipien, die den Arzt lenken und den Patienten schützen sollen, müssen im Arzt selbst angelegt, entwickelt und ausgereift werden. Ein solches Menschenverständnis gesteht dem Patienten ohne einen moralischen Überbau mehr Autonomie und Verantwortungsgefühl zu. Ein weiterer Aspekt ist das Gefühl der Unsicherheit. Das Leben und jedes Beziehungsgeschehen ist unvorhersehbar, lebendig und einmalig. Das kann Gefühle von grosser Unsicherheit auslösen. Mit Gesetzen und Richtlinien will man diesen Gefühlen durch Kontrolle Herr werden. Verzichtet ein Therapeut auf seinen Status und die ihm zugeschriebene Rolle und lässt sich als Mensch auf den hilfesuchenden Patienten ein, wird er mit grösserer Unsicherheit umzugehen haben, mit der des Patienten und mit seiner eigenen. Es ist eine Frage des Menschenbildes, ob man ihm dies grundsätzlich zugesteht oder nicht.

*„Ein Tabu, Verbot oder Gebot kann eine Beziehung nicht
regeln, im Gegenteil wird dies zu einer Blockierung der
Beziehung führen. Es braucht immer eine lebendige Auseinandersetzung. Nur darin lässt sich die Wahrheit zwischen zwei
Menschen ergründen."*

Samuel Widmer

Eine Chronik des Nicht-Verstehens

Die Geschichte unserer Auseinandersetzung mit der Welt, der Presse und den Psychiatriegesellschaften ist bereits eine lange Geschichte, die mit der Entstehung der Kirschblütengemeinschaft begonnen hat. (Siehe Bücher „Ins Herz der Dinge lauschen"[11], „kirschbaumblütenblätterweiss"[12], „Des Kaisers Nacktheit – des Kaisers Dummheit"[13], „Inzesttabu"[14] u.a.)

Das neueste Kapitel begann mit der Idee, den nächsten Avanti-Fachkongress im Juni 2019 dem Thema „Das Inzesttabu in der Psychotherapie" zu widmen. Es schien uns an der Zeit, dieses brisante und missverstandene Thema aufzugreifen und sich auch öffentlich damit zu positionieren.

Die Ärzte und Ärztinnen unter uns, die bei Avanti engagiert und im Kanton Solothurn tätig sind, sind Mitglieder in der kantonalen Ärztegesellschaft GAeSO[15] und nehmen zweimal jährlich an der Mitgliederversammlung teil; da die nächste in der Psychiatrischen Klinik stattfinden sollte und weil die Anfeindungen gegen uns in der Vergangenheit immer von den Psychiaterkollegen ausgegangen waren, hatten wir die Idee, dort mit einer Vorstellung von Avanti aufzutreten und zu dem Kongress einzuladen.

Natürlich war uns bewusst, dass ein solcher Auftritt als

---

[11] Samuel Widmer Nicolet, 1989, Nachtschatten Verlag
[12] Paul Nicolet, 1999 Basic Editions
[13] Samuel Widmer Nicolet, 2003 Basic Editions
[14] Samuel Widmer Nicolet, 2010 Heuwinkel Verlag
[15] Gesellschaft der Ärztinnen und Ärzte des Kantons Solothurn

Provokation verstanden werden könnte. Wir waren aber überzeugt oder fühlten, dass es an der Zeit war, damit hinzustehen, uns einer Diskussion über dieses Thema zu stellen und auch noch einmal genau zu erklären, was wir unter Echter Psychotherapie verstehen.

Da unser Traktandum wegen Zeitmangel verschoben wurde, fand der Vortrag schliesslich im Juni 2018 nicht in der Psychiatrischen Klinik, sondern im Spital Olten statt. Kasia Weidenbach stellte mit einer kleinen Präsentation unsere Definitionen und Ansichten dar und erwähnte auch den Satz, der immer wieder zu Missverständnissen und heftigen Reaktionen geführt hatte: *«Obwohl in aller Regel eine sexuelle Beziehung zwischen Therapeut und Klient dem Klienten schadet und deshalb darauf verzichtet werden muss, darf man eine solche Möglichkeit nicht von vornherein ausschliessen, da sonst die Lebendigkeit in der Beziehung verloren geht.»*

Wir erklärten diesen Satz genau, sagten ausdrücklich, dass wir nicht Missbrauch damit meinen, sondern die Wahrnehmung aller Möglichkeiten in der Beziehung zwischen zwei Menschen, also auch zwischen Therapeut und Klient.

Nach dem zehnminütigen Vortrag kam es zu einem kleinen Tumult. Thomas Ackermann stand auf, stellte sich als Präsident der Solothurner Psychiatriegesellschaft GPPSo[16] vor und beschwerte sich darüber, dass die GAeSO Avanti diesen Auftritt ermöglicht hatte. Er zitierte verschiedene Stellen aus Samuel Widmers Büchern, um

---

[16] Gesellschaft für Psychiatrie und Psychotherapie des Kantons Solothurn

darauf hinzuweisen, dass wir sexuelle Beziehungen zu Klienten befürworten. Auch andere meldeten sich zu Wort; u.a. wurden wir mit rechtsradikalen Holocaustleugnern verglichen. Auch Anke Röskamp meldete sich im Namen der SÄPT[17], die wir erwähnt hatten als ähnliche Gesellschaft, die ebenfalls die Psycholyse fördert, um klarzustellen, dass die SÄPT nichts mit Avanti zu tun habe.

Nach der Versammlung war Thomas Ackermann verschwunden. Vermutlich hatte er eilig den Ort verlassen, um einem persönlichen Gespräch von Angesicht zu Angesicht aus dem Weg zu gehen. Dieses Verhalten spricht nicht gerade für seine kollegialen Fähigkeiten und stellt eher ein fragwürdiges Verhalten dar, insbesondere für einen Psychiater, der doch in der Lage sein sollte, sich seinen Konfliktpartnern zu stellen.

Wir schrieben Thomas Ackermann in den folgenden Tagen einen offenen Brief und richteten diesen gleichermassen an den gesamten Vorstand der GPPSo, dessen Präsident er ist.

---

[17] Schweizerische Ärztegesellschaft für Psycholytische Therapie

Lüsslingen, den 10. Juli 2018

Lieber Thomas

Nach deiner Wortmeldung an der GAeSO Mitgliederversammlung in deiner Eigenschaft als Präsident der Gesellschaft der Solothurner Psychiater sehen wir die dringende Notwendigkeit einer Klarstellung der angesprochenen Sachverhalte.
Du hast diese Bühne missbraucht, um uns mit unwahren Behauptungen und Unterstellungen öffentlich anzugreifen und zu diffamieren. Das ist in höchstem Masse unkollegial und rufschädigend. Da du dich ausdrücklich als Präsident der GPPSo vorgestellt hast, müssen wir davon ausgehen, dass du im Namen der ganzen Gesellschaft gesprochen hast, und möchten daher mit diesem Brief auch die gesamte Solothurner Psychiatriegesellschaft ansprechen.
Es ist doch peinlich, dass die anderen ärztlichen Kollegen feststellen müssen, dass wir als Psychiater, obwohl wir doch dafür ausgebildet sein sollten, nicht fähig sind, miteinander vernünftig zu reden. Frappierend ist vor allem immer wieder, um welch ein grandioses Missverständnis es sich handelt. Und dass ihr nicht genau zuhört, was wir sagen.
Wir kennen sehr wohl den Unterschied zwischen einem Tabu und einem Gesetz. Wir wollen hinter die Tabus blicken, nicht gegen ein Gesetz verstossen. Selbstverständlich stimmen wir auch mit den Standesregeln überein, dass ein Therapieverhältnis weder materiell noch sexuell

oder anderweitig ausgenutzt werden darf.

Wer will heute noch ernsthaft hinter ein Tabu blicken, wie dies Sigmund Freud[18], Wilhelm Reich oder auch Samuel Widmer getan haben?

Wir sagen gar nicht, dass man Sex oder irgendwelche Grenzüberschreitungen in der Therapie machen soll. In unseren Kreisen und auch bei Samuel Widmer ist das noch nie vorgekommen, obwohl uns natürlich bekannt ist, dass derartige Gerüchte, als Fakten bezeichnet, seit Jahren die Runde machen. Dann müssten wir doch längst angezeigt werden, oder? Wenn ihr schon von Opfern redet – bringt doch mal diese Opfer. Zeigt uns jemanden, der in der Therapie bei uns missbraucht wurde. Oder sonst hört auf mit diesen Behauptungen!

Ihr wisst ebenso gut wie wir, wie schnell sich ein falsches Gerücht, entstanden aus Halbinformation oder auch Böswilligkeit, verbreiten und etablieren lässt, vor allem wenn es um heikle Themen wie Missbrauch geht. Aus dem Zusammenhang gerissene Zitate aus Zeitungsartikeln zu bemühen, wie du es bei dieser Gelegenheit getan hast, ist auch nicht gerade hilfreich. Aber zurück zum Thema Tabus und Verbote:

Neulich am Psychose-Symposium in der Psychiatrischen Klinik Solothurn hat der Präsident der Eidgenössischen Kommission für Suchtfragen über die Frage der Legalisierung von Drogen gesprochen. Er sagte sinngemäss, eine Gesellschaft müsse zu Themen, die eben da sind, eine Haltung finden. Und er sehe, dass ein Verbot dieser

---

[18] vgl. dazu z.B. Freud, Sigmund (1931), Schriften zur Neurosenlehre und zur psychoanalytischen Technik, S. 401 ff

Substanzen, das seit vielen Jahren besteht, nicht zu einer Lösung des Problems, sondern im Gegenteil zu mehr Problemen geführt habe. Die Probleme, die aus Konsum und Sucht resultieren, sind Fakten.

Es sei also nötig, dass man einen Weg finde, damit umzugehen, zum Beispiel durch eine Abschaffung des strikten Verbots zugunsten von mehr Information, Aufklärung und Schulung im Umgang mit bestimmten Substanzen, eine gewisse Regulierung etc.

Wir sehen die schrecklichen Konsequenzen, die Missbrauch, ob in der Familie oder in der Therapie, für einen Menschen hat, tagtäglich in unseren Therapiestuben, und zwar in grosser Zahl, trotz der geltenden Verbote! Wir sehen aber auch, welche Konsequenzen eine Tabuisierung des Themas und damit einhergehende Verbote und Strafandrohungen haben. Zum Beispiel die Scham und das Schweigen der Opfer. Oder dass Patienten berichten, sie hätten sich bei Therapeuten nicht getraut, über das Thema zu sprechen. Oder sie hätten etwas Heikles angesprochen, zum Beispiel ein Gefühl der Verliebtheit dem Therapeuten gegenüber, und dieser hätte daraufhin sofort die Therapie abgebrochen. Und wie sie sich dann im Stich gelassen gefühlt und geschämt hätten. Missbrauch auf der einen und Verbot und Tabuisierung auf der anderen Seite sind also die zwei Seiten der Medaille; man muss beide anschauen und auch die Konsequenzen von beidem, um wirklich zu verstehen.

Darum geht es uns: es einfach anzuschauen zusammen, darüber zu reden, Erfahrungen auszutauschen, nach Lösungen zu suchen, wie man damit umgehen könnte.

Darf man das denn nicht?

Es ist doch unsere Aufgabe als Psychiater, Antworten zu suchen auf diese wichtigen Fragen des Menschseins. Wir haben diese Vision, vielleicht für eine ferne Zukunft, in der die Menschen ohne Regeln, Gesetze und Tabus miteinander in Frieden leben könnten. Weil sie dafür reif geworden sind. Wir sind überzeugt, dass wir Menschen das Gute in uns haben, das uns lenken kann, dass wir im Grunde soziale und liebende Wesen sind. Ob sich das durchsetzen wird, kann nur die Evolution zeigen, aber wir sehen es als unsere Aufgabe, dafür zu arbeiten.

Was meint ihr dazu? Stellt ihr euch auch solche Fragen? Das würde uns sehr interessieren. Zusammen einen intelligenten, psychiatrisch-philosophischen Dialog zu führen, das wäre für uns Echte Psychotherapieforschung. Habt ihr den Mut, eine ehrliche und offene Auseinandersetzung zu führen, oder wollt ihr unbequeme Kollegen lieber weiterhin ausgrenzen und am liebsten mit einem Redeverbot belegen, wie du es an der Mitgliederversammlung vom Vorstand der GAeSO verlangt hast? Glücklicherweise gibt es noch Menschen wie im Vorstand der GAeSO, die bereit sind, alle Kollegen gleichberechtigt zu behandeln, unabhängig von verschiedenen Meinungen.

Wir sind gespannt auf eure Antwort.

Mit kollegialen Grüssen

Katherine und Sebastian Weidenbach
Im Namen von Avanti

Auf diesen Brief bekamen wir keine Antwort. Jedoch erschien im Oktober 2018 auf dem Facebook®-Account der selbst ernannten schweizerischen Fachstelle für Sektenfragen Infosekta ein Beitrag, in dem aus Kasia Weidenbachs Vortrag im Juni 2018 bei der Mitgliederversammlung der GAeSO zitiert wurde. Offenbar hatte jemand Inhalte des Vortrags weitergegeben, die nun, aus dem Zusammenhang gerissen, weiterverwendet wurden, um Stimmung gegen uns zu machen, vermutlich mit dem Ziel, Druck auf die Behörden aufzubauen, dass sie rechtliche Schritte gegen uns einzuleiten hätten. Und in der Schweizer Fernsehsendung „aktuell" des Senders Tele M1 trat Thomas Ackermann am 22. November 2018 auf, wo er die Behörden öffentlich dazu aufforderte, gegen Avanti vorzugehen. Die Verleumdungswelle zog offenbar immer weitere Kreise.

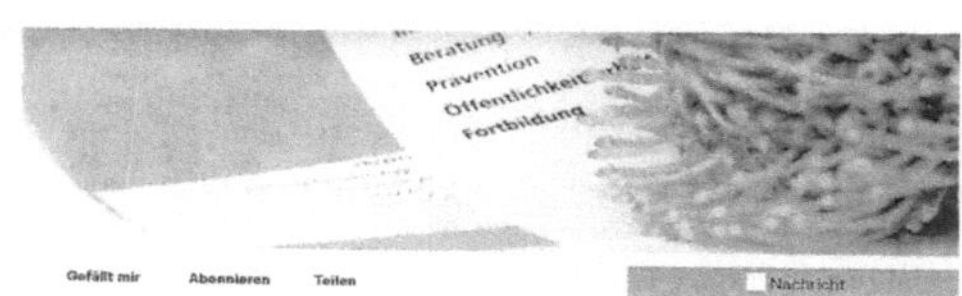

infoSekta
@infosekta

Startseite
Beiträge
Bewertungen
Fotos
Info
Community
Seiteninfos & Werbung

Seite erstellen

Gefällt mir   Abonnieren   Teilen

Nachricht

infoSekta
18. Oktober um 17:03 ·

Avanti - Internationale Ärztegesellschaft für Echte Psychotherapie und Alternative Psychiatrie, Lüsslingen-Nennigkofen/ SO

Die „Ärztegesellschaft Avanti" ist aus der Kirschblütengemeinschaft Nennikofen-Lüsslingen erwachsen. Im Rahmen der Mitgliederversammlung der Gesellschaft der Ärztinnen und Ärzte des Kantons Solothurn GaeSo vom 7. Juni 2018 stellte Frau Kasia Weidenbach, Präsidentin von Avanti, die „Ärztegesellschaft Avanti" vor. Avanti setzt sich gemäss den Ausführungen von K. Weidenbach u.a. für das „Ergründen von Tabuthemen wie Liebe, Sexualität, Geld, Macht und Bewusstsein, für den Einsatz der Psycholyse in der Psychotherapie, für das Recht, in diesen Bereichen zu forschen und zu experimentieren" ein. Die sog. Echte Psychotherapie versteht sich als eine „revolutionäre Haltung der Menschlichkeit, der Liebe und Einheit, die eben gerade alles einschliesst", wie es im Vortrag hiess. Ziel sei die Befreiung zur Liebe statt – wie bei traditionellen Psychotherapien – die Anpassung an gesellschaftliche Normen. Die therapeutische Beziehung wird als zwischenmenschliche Beziehung auf der Basis von Gleichheit aufgefasst. „Obwohl in aller Regel eine sexuelle Beziehung zwischen Therapeut und Klient dem Klienten schadet und deshalb darauf verzichtet werden muss, darf man eine solche Möglichkeit nicht von vornherein ausschliessen, da sonst die Lebendigkeit der Beziehung verloren geht."

In der klassischen anerkannten Psychotherapie werden Empathie und Authentizität ebenfalls als wichtige Beziehungsaspekte verstanden. Avanti jedoch, die sich als avantgardistischen tabubrechenden Ansatz versteht, stellt die Authentizität vor Professionalität. Indem Avanti davon ausgeht, dass das „gegenseitige Wollen der Beteiligten in der Beziehung" im Zentrum steht, ignoriert sie die vom Setting her asymmetrische Beziehung zwischen Therapierendem/r und Klient/in und löst somit den durch ethische Standesregeln definierten Schutz der Patient/innen vor Übergriffen auf. Vor diesem Hintergrund kann es nicht nur tatsächlich zu sexuellen Kontakten zwischen Therapeut/in und Klient/in kommen (Stichwort Retraumatisierung), die Erlebnisse werden auch noch als fortschrittliche, Normen und Tabus trotzende Entwicklungserfahrungen interpretiert, was auf Klient/innen zusätzlich verstörend wirken kann. Die therapeutische Beziehung ist eben gerade keine persönliche Liebesbeziehung mit Spielraum für sexuelle Experimente.

avanti

Besucherbeiträge

Raimond Gunnwald
14. Oktober um 13:09

https://www.tagesanzeiger.ch /.../72347160... Die in dem Artikel nicht n...
Mehr anzeigen

Gefällt mir · Kommentieren

Raimond Gunnwald
27. August um 22:09

Der Autor der Anastasia-Buchreihe und damit der Schöpfer einer völki...
Mehr anzeigen

Gefällt mir · Kommentieren

Ulla Engel
16. Juli um 21:19

wenn man nachfragt, kommt die Antwort, dass man erst die Bücher lese...
Mehr anzeigen

Gefällt mir · Kommentieren

Deutsch · Français (France) · English (US) · Italiano · Español

Informationen zu Daten für Seiten-Insights
Datenschutz · Nutzungsbedingungen · Werbung · Datenschutzinfo   · Cookies · Mehr
Facebook © 2018

Chat (2)

Die «Ärztegesellschaft Avanti» ist aus der Kirschblütengemeinschaft Nennigkofen-Lüsslingen erwachsen. Im Rahmen der Mitgliederversammlung der Gesellschaft der Ärztinnen und Ärzte des Kantons Solothurn GaeSO vom 7. Juni 2018 stellte Frau Kasia Weidenbach, Präsidentin von Avanti, die «Ärztegesellschaft Avanti» vor.

Avanti setzt sich gemäss den Ausführungen von K. Weidenbach u.a. für das «Ergründen von Tabuthemen wie Liebe, Sexualität, Geld, Macht und Bewusstsein, für den Einsatz der Psycholyse in der Psychotherapie, für das Recht, in diesen Bereichen zu forschen und zu experimentieren» ein. Die sogenannte Echte Psychotherapie versteht sich als eine «revolutionäre Haltung der Menschlichkeit, der Liebe und Einheit, die eben gerade alles einschliesst», wie es im Vortrag hiess. Ziel sei die Befreiung zur Liebe statt – wie bei traditionellen Psychotherapien – die Anpassung an gesellschaftliche Normen. Die therapeutische Beziehung wird als zwischenmenschliche Beziehung auf der Basis von Gleichheit aufgefasst. «Obwohl in aller Regel eine sexuelle Beziehung zwischen Therapeut und Klient dem Klienten schadet und deshalb darauf verzichtet werden muss, darf man eine solche Möglichkeit nicht von vornherein ausschliessen, da sonst die Lebendigkeit der Beziehung verloren geht.»

In der klassischen anerkannten Psychotherapie werden Empathie und Authentizität ebenfalls als wichtige Beziehungsaspekte verstanden. Avanti jedoch, die sich als avantgardistischen tabubrechenden Ansatz versteht, stellt die Authentizität vor Professionalität. Indem Avanti davon ausgeht, dass das «gegenseitige Wollen der Beteiligten in der Beziehung» im Zentrum steht, ignoriert sie die vom Setting her asymmetrische Beziehung zwischen Therapierendem/r und Klient/in und löst somit den durch ethische

Standesregeln definierten Schutz der Patient/innen vor Übergriffen auf. Vor diesem Hintergrund kann es nicht nur tatsächlich zu sexuellen Kontakten zwischen Therapeut/in und Klient/in kommen (Stichwort Retraumatisierung), die Erlebnisse werden auch noch als fortschrittliche, Normen und Tabus trotzende Entwicklungserfahrungen interpretiert, was auf Klient/innen zusätzlich verstörend wirken kann. Die therapeutische Beziehung ist eben gerade keine persönliche Liebesbeziehung mit Spielraum für sexuelle Experimente.

Im Dezember 2018 schrieben wir dem Vorstand der Gae-
SO einen Brief und bekräftigten nochmals, dass die Vorwürfe Thomas Ackermanns und anderer Kollegen gegen
uns vollkommen haltlos seien, und dass wir uns genötigt
sähen und im Begriff seien, eine Standesklage einzureichen. Hierbei baten wir den Vorstand der GAeSO um
Unterstützung.

Lüsslingen, 19. Dezember 2018

Sehr geehrte Präsidenten der GAeSO

Wir wenden uns an euch in der leidigen Mobbing-
geschichte, die leider kein Ende zu nehmen scheint.
Nachdem wir an der Mitgliederversammlung im Juni
2018 unseren Kurzvortrag «Avanti stellt sich vor» gehalten
haben, wurden wir ja von Thomas Ackermann in seiner
Funktion als Präsident der Solothurner Psychiatriegesell-
schaft massiv angegriffen, ebenso wie der Vorstand der
GAeSO, weil dieser unseren Auftritt zugelassen hatte.
Eigentlich war bei unserem Vortrag vor allem die Absicht,
Missverständnisse aufzuklären und eine offene Diskussion anzuregen und zu ermöglichen.
Wir verfassten daraufhin einen offenen Brief, in welchem
wir nochmals einige Punkte erklärten und noch einmal
ausdrücklich unsere Gesprächsbereitschaft ausdrückten.
Diesen Brief hat auch der Vorstand der GAeSO erhalten.
Leider haben wir auf diesen Brief ebenso wie auf ein
persönliches Gesprächsangebot an Herrn Thomas Acker-

mann keine Antwort erhalten.

Stattdessen mussten wir feststellen, dass er oder jemand anderes unseren Vortrag offenbar gefilmt oder fotografiert hat. Diese Bilder und dazugehörige Informationen wurden dann offensichtlich an die Infosekta weitergegeben, die dazu dann eine Stellungnahme publiziert hat (anbei, sowie von Thomas Ackermann persönlich in einer reisserischen Fernsehreportage (Sendung «aktuell» auf Tele M1 am 22.11.2018) gezeigt. In dieser Reportage sagt unser Kollege weiterhin, dass die Behörden gegen Avanti vorgehen sollten, da wir Leitlinien der Fachgesellschaft und Gesetze missachten würden.

Dies ist eine massive Verleumdung.

Um es noch einmal klar zu sagen: Wir rufen in keinster Weise zu Missbrauch oder zur Übertretung von Richtlinien oder Gesetzen auf! Wie wir immer wieder ausgedrückt haben, ist das Einzige, was wir tun und wollen, ein Gespräch und eine Forschung über gewisse Tabuthemen. Dass es in diesem Rahmen zu Missverständnissen kommt, ist zwar verständlich, da es sich tatsächlich um tabuisierte und schwer zu verstehende Themen handelt, dies ist uns bewusst. Das rechtfertigt jedoch keineswegs eine solche üble Nachrede und Unkollegialität.

Unser Kollege Thomas Ackermann überschreitet unserer Ansicht nach jegliche Grenzen von Kollegialität und Anstand, vor allem weil er als Vertreter der gesamten Solothurner Psychiater auftritt. Ein solches Verhalten schadet nicht nur unserem Ruf und gefährdet unsere berufliche Existenz, sondern beschädigt auch den Ruf des gesamten Ärztestandes und verletzt massiv das Vertrauen, welches unter Kollegen notwendig ist, indem Informationen aus einem internen, kollegialen Treffen ohne vorheriges Gespräch nach aussen an die Medien gegeben werden mit der Absicht, uns zu diffamieren und zu schaden.

Deshalb sehen wir uns wieder einmal dazu genötigt, euch als eine höhere und hoffentlich neutrale Instanz um Rat und Hilfe zu bitten. Eine Verleumdung und üble Nachrede in diesem Ausmass ist für uns nicht mehr tolerierbar. Zu unserem eigenen Schutz scheint eine Klage vor der Standeskommission unvermeidbar.

Es tut uns sehr leid, euch schon wieder mit dieser Sache belästigen zu müssen, zumal es sehr peinlich ist, dass ausgerechnet die Psychiater nicht in der Lage zu sein scheinen, vernünftig miteinander zu reden. Wir wären euch dankbar, wenn ihr uns in dieser Sache beraten und unterstützen würdet.

Mit herzlichen, kollegialen Grüssen

Katherine und Sebastian Weidenbach
Im Namen des Vorstandes Avanti

Monate später im März 2019 erhielten wir eine Antwort, aus der hervorging, dass sich in der Zwischenzeit sowohl die Solothurner als auch die gesamtschweizerische Psychiatriegesellschaft SGPP[19] an die GAeSO gewendet hatte mit der Absicht, uns auszugrenzen.

Die GAeSO zeigte sich fair. Obwohl uns auch dort viele überhaupt nicht verstehen, respektieren sie dort offenbar und glücklicherweise die Freiheit, eine andere Meinung zu haben, auch in heiklen Forschungsfragen.

In dem Brief wird auf die Ombudsstelle der Mitgliederversammlung bzw. die Standeskommission als Schlichtungsgremium verwiesen.

---

[19] Schweizerische Gesellschaft für Psychiatrie u. Psychotherapie

**GESELLSCHAFT DER ÄRZTINNEN UND ÄRZTE
DES KANTONS SOLOTHURN (GAeSO)**
Der VORSTAND

Avanti
Herr Sebastian Weidenbach
Grossmatt 296
4574 Lüsslingen

Breitenbach, 12. März 2018

Betrifft: Ihre Schreiben

Sehr geehrte Damen und Herren

Der Vorstand der GAeSO hat das Schreiben seitens der Solothurner als auch der schweizerischen psychiatrischen und psychotherapeutischen Gesellschaft als auch der Vereinigung AVANTI entgegengenommen und anlässlich der letzte Vorstandssitzung erneut eingehend diskutiert. Um unsere in dieser Sache wichtigen Transparenz zu bestätigen, erlaubt wir uns auf <u>eine</u> Antwort an die adressierten Organisationen.

Grundsätzlich haben wir uns bereits mehrfach in sachlicher Hinsicht zum Auftritt des AVANTI Referats geäussert. Andernorts haben wir unsere Auffassung, an der sich nach wie vor nichts geändert hat, wie folgt bereits schriftlich hinterlegt:

«Die GAeSO setzt sich unter anderem für freiheitliche Rahmenbedingungen für ihre Mitglieder ein. Neben dem traditionellen Kampf für die wirtschaftliche Freiheit (Verteidigung unseres TPW) ist in unseren Augen auch die Wahrung der Meinungsfreiheit von hoher Priorität. Deshalb ist es seit Jahren unsere Tradition, Mitgliedern und geladenen Gästen die Gelegenheit zu geben, sich und ihr Wirken vorzustellen. Als einziges Kriterium wenden wir an, dass die Tätigkeit einen Bezug zum Kanton Solothurn hat: Sei dies, dass SO der Wirkungsort ist, dass eine Idee hier „geboren" wurde oder der Werdegang des Referenten massgeblich in Solothurn stattgefunden hat. Eine Diskussion der Kurzbeiträge im Vorfeld bzw. die Zensurierung der einzelnen Beiträge – dieses Mal waren es vier – lehnen wir grundsätzlich ab, da sie nicht die Meinung des Vorstandes der GAeSO, sondern diejenige der Referentin bzw. des Referenten wiedergeben. Die an der MV Anwesenden sind allesamt gebildete Kolleginnen und Kollegen, die sich sehr wohl ein eigenes Bild machen können. Auch über Andersdenkende.»

Nach unserem Verständnis zu den gültigen rechtstaatlichen und standesrechtlichen Bestimmungen unserer Gesellschaft, obliegt die Prüfung von Verletzungen des Standesrechts ausschliesslich der von der Mitgliederversammlung gewählten Ombudsstelle bzw. der Standeskommission. Der GAeSO Vorstand hat aus Gründen der Unabhängigkeit <u>keine</u> Einsicht in diese Verfahren oder die Urteile, weder in frühere noch in aktuelle. Wir können uns dazu schlichtweg nicht äussern.

* Die Jahreszahl in diesem Schreiben ist ein Druckfehler, der Brief trägt das Datum 12. März 2019.

Breitenbach, 12. März 2019

Sehr geehrte Damen und Herren

Der Vorstand der GAeSO hat das Schreiben seitens der Solothurner als auch der schweizerischen psychiatrischen und psychotherapeutischen Gesellschaft als auch der Vereinigung Avanti entgegengenommen und anlässlich der letzten Vorstandssitzung erneut eingehend diskutiert. Um unsere in dieser Sache wichtige Transparenz zu bestätigen, erlauben wir uns eine Antwort an die adressierten Organisationen.

Grundsätzlich haben wir uns bereits mehrfach in sachlicher Hinsicht zum Auftritt des Avanti-Referats geäussert. Andernorts haben wir unsere Auffassung, an der sich nach wie vor nichts geändert hat, wie folgt bereits schriftlich hinterlegt:

«Die GAeSO setzt sich unter anderem für freiheitliche Rahmenbedingungen für ihre Mitglieder ein. Neben dem traditionellen Kampf für die wirtschaftliche Freiheit (Verteidigung unserer TPW[20]) ist in unseren Augen auch die Wahrung der Meinungsfreiheit von hoher Priorität. Deshalb ist es seit Jahren unsere Tradition, Mitgliedern und geladenen Gästen die Gelegenheit zu geben, sich und ihr Wirken vorzustellen. Als einziges Kriterium merken wir an, dass die Tätigkeit einen Bezug zum Kanton Solothurn hat: Sei dies, dass SO der Wirkungsort ist, dass eine Idee hier „geboren" wurde oder der Werdegang des Referenten massgeblich in Solothurn stattgefunden hat. Eine Diskussion der Kurzbeiträge im Vorfeld bzw. die Zensurierung der einzelnen Beiträge

---

[20] Taxpunktwerte

– dieses Mal waren es vier – lehnen wir grundsätzlich ab, da sie nicht die Meinung des Vorstandes der GAeSO, sondern diejenige der Referentin bzw. des Referenten wiedergeben. Die an der MV Anwesenden sind allesamt gebildete Kolleginnen und Kollegen, die sich sehr wohl ein eigenes Bild machen können. Auch über Andersdenkende.»

Nach unserem Verständnis zu den gültigen rechtsstaatlichen und standesrechtlichen Bestimmungen unserer Gesellschaft obliegt die Prüfung von Verletzungen des Standesrechts ausschliesslich der von der Mitgliederversammlung gewählten Ombudsstelle bzw. der Standeskommission. Der GAeSO Vorstand hat aus Gründen der Unabhängigkeit <u>keine</u> Einsicht in diese Verfahren oder die Urteile, weder in frühere noch in aktuelle. Wir können uns dazu schlichtweg nicht äussern.

Entsprechend haben wir – wie eingangs ausgeführt – bereits früher Folgendes mitgeteilt:

«Zur Beilegung von bilateral nicht lösbaren Differenzen haben wir die Ombudsstelle, zur Beurteilung standesrechtlicher Differenzen die Standeskommission und für strafrechtliche Fragen die Juristen bzw. die Staatsanwaltschaft.»

Auch an dieser Auffassung hat der Vorstand einstimmig festgehalten. Damit ist und bleibt der GAeSO Vorstand der falsche Adressat. Soweit Ihnen in möglichst belegter Weise Verfehlungen bekannt sind, steht Ihnen in standesrechtlicher Hinsicht der Weg an die Ombudsstelle bzw. die Standeskommission offen; wenn es um Verletzungen geht, die über das Standesrecht hinausgehen, so wäre eine Anzeige an das Gesundheitsamt, gestützt auf das Gesundheitsgesetz, oder gar die Mitteilung an die Strafverfolgungsbehörden möglich. Der Entscheid für die Wahl des jeweiligen Verfahrensweges obliegt dem jeweiligen Antragssteller.

Der GAeSO Vorstand wird sich demnach ohne entsprechendes Urteil oder Entscheid der vorgenannten Instanzen der vorliegenden Angelegenheit nicht mehr annehmen und verweist auf die bereits mehrfach gemachten Ausführungen.

Freundliche Grüße

Im Namen des Gesamtvorstandes

Dr. med. Lukas Meier
Co- Präsident

Dr. med. Florian Leupold
Co-Präsident

Fast zeitgleich im Juli 2018 erhielt Manfred Dreier, niedergelassener Psychiater mit eigener Praxis in Wangen bei Olten und Mitglied bei Avanti, einen Brief, in dem ihm die SGPP nahelegt, von sich aus auszutreten und Monate später im Januar 2019 die schriftliche Mitteilung seines Ausschlusses aus der Gesellschaft ohne weitere Begründung. Daraufhin nahm Manfred Dreier sein Recht auf Rekurs in Anspruch und legte diesen fristgerecht am 17. Februar 2019 vor.

Sehr geehrte Kolleginnen und Kollegen

Mit Einschreiben vom 14.01.2019 (welches ich am 22.01.2019 abgeholt habe) bin ich vom Präsidenten und vom Vize-Präsidenten der SGPP informiert worden, dass ich an der Vorstandssitzung vom 11.01.2019 einstimmig aus der SGPP ausgeschlossen worden sei. Eine Begründung fehlte in diesem Schreiben.

Mit grossem Befremden nahm ich davon Kenntnis, zumal zu keinem Zeitpunkt jemand – sei es aus der SGPP noch aus der subsidiären kantonalen Solothurner Fachgesellschaft GPPSo – mit mir das Gespräch gesucht hatte. Auch gibt es weder von Fachkollegen, ehemaligen Vorgesetzten noch von Patientenseite irgendwelche Beanstandungen meiner Arbeit.

Auf der Suche nach einer Begründung muss man auf ein Schreiben vom 09.07.2018 zurückgreifen, in dem mich der Präsident und der Vize-Präsident der SGPP um den Austritt aus der SGPP gebeten hatten. Dort schreiben sie, dass sie von Thomas Ackermann, dem Präsidenten der GPPSo, darüber informiert worden seien, dass mein Aufnahmegesuch in die GPPSo abgelehnt worden sei. Mir gegenüber war damals kein Grund kommuniziert worden. Genanntes Schreiben der SGPP-Präsidenten nennt meine «Nähe zur Kirschblütengemeinschaft» als Begründung. Es wird behauptet, dass die Ansichten der Ärztegesellschaft Avanti inhaltlich identisch seien mit der Kirschblütengemeinschaft. Auch bezieht sich genanntes Schreiben auf ein Kurzportrait der Ärztegesellschaft Avanti, welches in Vortragsform an der Mitgliederversammlung der Gesellschaft der Ärztinnen und Ärzte des Kantons Solothurn (GAeSO) den anwesenden Ärzten präsentiert worden war. Auch wird behauptet, *«dass sich sowohl Ansichten als auch Methoden der Anhänger der Kirschblütengemeinschaft und des Vereins Ärztegesellschaft Avanti den Grundprinzipien der SGPP widersprechen.»*

I. Richtigstellungen

1. Mein Aufnahmegesuch in die kantonale psychiatrische Fachgesellschaft GPPSo wurde ohne Angabe von Gründen abgelehnt.

2. Die Ärztegesellschaft Avanti und die Kirschblütengemeinschaft sind inhaltlich nicht identisch. Die Kirschblütengemeinschaft ist ein privater, loser Zusammenschluss ohne feste oder verbindliche Struktur von erwachsenen, reifen Menschen, die andere Formen des Zusammenlebens ausprobieren und er-

forschen wollen. Jeder folgt dabei seinen eigenen Impulsen, wie weit er oder sie sich einlassen möchte. Die Freiheit des Gegenübers wird dabei geachtet. Was gelebt wird, wird von den involvierten Personen verantwortet. Die Ansichten und Lebensformen fallen unter die verfassungsmässig garantierte persönliche Freiheit einschliesslich der Glaubens- und Gesinnungsfreiheit. Die Ärzte und Therapeuten, die sich in der Ärztegesellschaft Avanti zusammengeschlossen haben, sind sich sehr wohl bewusst, dass Patienten und Klienten, die ihre Hilfe aufsuchen, besonderen Schutzes bedürfen, dass sie einen solchen Kontakt aufsuchen, weil sie von einem Leiden kuriert werden möchten oder Begleitung suchen in einer schwierigen Lebensphase. Die Ärzte und Therapeuten der Ärztegesellschaft Avanti sind sich sehr wohl bewusst und üben höchste Achtsamkeit darin, die Beziehungsebenen von privaten und beruflichen Kontakten zu unterscheiden.

3. Aus vorgenannter Begründung ist es unzulässig, die Ärztegesellschaft Avanti und die Kirschblütengemeinschaft gleichzusetzen. Die Ansichten und Methoden der Ärztegesellschaft Avanti decken sich sehr wohl mit den Grundprinzipien der SGPP, der Standesordnung der FMH und der Schweizer Gesetzgebung. Es ist eine unwahre Behauptung, Avanti würde sexuelle Kontakte zwischen Therapeuten und Klienten gutheissen oder gar praktizieren, Näheres dazu unter III. Begründung und Erläuterung.

II. Antrag

Der Ausschluss aus der SGPP durch den Vorstand sei durch die Delegiertenversammlung rückgängig zu machen.

III. Begründung und Erläuterung

Ich respektiere die Schweizer Gesetzgebung, die Standesordnung der FMH und die Grundprinzipien der SGPP. In meiner Arbeit setze ich mich für das Wohl und die Genesung meiner Patienten ein. Es gab und gibt weder von Fachkollegen noch von ehemaligen Vorgesetzten noch von Patientenseite irgendwelche Beanstandungen meiner Arbeit. Im Gegenteil bekam ich stets von allen Seiten gute Rückmeldungen zu meiner Arbeit und meiner Beziehungsgestaltung zu den Patienten.

Zur Erläuterung will ich das wahrscheinlich grundlegende Missverständnis genauer beleuchten. In aller Regel schadet eine sexuelle Beziehung zwischen Therapeut und Klient dem Klienten und es muss darauf verzichtet werden. Viele Verbände, Behörden etc. setzen nun darauf, dies mit einem Verbot durchsetzen zu wollen. Das hat einige ernst zunehmende Nachteile.

Erstens, und das ist das Gravierendste, es funktioniert nicht. Obwohl solche Gesetze und Richtlinien seit Jahrzehnten bestehen, bleibt die Zahl derer, die sie übertreten, unverändert hoch. Es werden Zahlen genannt von 7–11 % aller männlichen und 2–3,5 % aller weiblichen

Psychotherapeuten, die mindestens einmal in ihrer Berufslaufbahn ein sexuelles Fehlverhalten begehen[21]. Dabei ist die Zahl der Wiederholungstäter hoch: In Studien werden 33-80 % genannt[22]. Wir müssen also der Wirklichkeit ins Auge schauen, dass wir mit Verboten und Richtlinien, mit «Null-Fehler-Toleranz» und Strafandrohungen diesem Problem nicht Herr werden.

Zweitens führt ein Verbot dazu, dass die Mehrheit dies zwar akzeptiert, aber nicht aus Einsicht oder innerer Überzeugung, sondern vor allem aus Angst vor Strafe. Ein Verbot verhindert die Bewusstwerdung und persönliche Reifung des Therapeuten. Verängstigte oder angepasste Therapeuten verdrängen unweigerlich ihre eigenen Gefühle und Wahrnehmungen. In der Therapie kann das dazu führen, dass Therapeuten unbewusste Signale aussenden, und damit die Liebesübertragung eher in ungünstiger Weise anheizen. Da für beide Seiten nicht bewusst, kommt es zu Missverständnissen, was in der Regel in die Zurückweisung des Klienten mündet, was eine Wiederholung der meist erfahrenen früheren Zurückweisungen ödipaler Liebesgefühle bedeutet.

Und drittens ist ein wichtiger Teil einer Therapie nicht möglich, wenn der Umstand der Liebe zwischen Therapeut und Klient durch ein Verbot geregelt wird. Die verdrängten ödipalen Liebesregungen können nicht ans Licht geholt und bearbeitet werden, wenn dies a priori verboten wurde.

---

[21] Franke, I., Riecher-Rössler, Frauen als Opfer von professionellem sexuellem Fehlverhalten (PSM) durch Psychotherapeuten, 2013, Ärztliche Psychotherapie, 8, Seite 200
[22] ebenda

Man lese dazu Sigmund Freud:

«*Wie muß sich aber der Analytiker benehmen, um nicht an dieser Situation zu scheitern, wenn es für ihn feststeht, dass die Kur trotz dieser Liebesübertragung und durch dieselbe hindurch fortzusetzen ist?*

Ich hätte es nun leicht, unter nachdrücklicher Betonung der allgemeingültigen Moral zu postulieren, dass der Analytiker nie und nimmer die ihm angebotene Zärtlichkeit annehmen oder erwidern dürfe. Er müsse vielmehr den Moment für gekommen erachten, um die sittliche Forderung und die Notwendigkeit des Verzichts vor dem verliebten Weibe zu vertreten und es bei ihr zu erreichen, dass sie von ihrem Verlangen ablasse und mit Überwindung des animalischen Anteils an ihrem Ich die analytische Arbeit fortsetze.

Ich werde aber diese Erwartungen nicht erfüllen, weder den ersten noch den zweiten Teil derselben. Den ersten nicht, weil ich nicht für die Klientel schreibe, sondern für Ärzte, die mit ernsthaften Schwierigkeiten zu ringen haben, und weil ich überdies hier die Moralvorschrift auf ihren Ursprung, das heißt auf Zweckmäßigkeit zurückführen kann. Ich bin diesmal in der glücklichen Lage, das moralische Oktroi ohne Veränderung des Ergebnisses durch Rücksichten der analytischen Technik zu ersetzen.

Noch entschiedener werde ich aber dem zweiten Teile der angedeuteten Erwartung absagen. Zur Triebunterdrückung, zum Verzicht und zur Sublimierung auffordern, sobald die Patientin ihre Liebesübertragung eingestanden hat, hieße nicht analytisch, sondern sinnlos handeln. Es wäre nicht anders, als wollte man mit kunstvollen Beschwörungen einen Geist aus der Unterwelt zum Aufsteigen zwingen, um ihn dann ungefragt wieder hinunterzuschicken. Man hätte ja dann das Verdrängte nur zum Bewußtsein gerufen, um es erschreckt von neuem zu verdrängen.

Auch über den Erfolg eines solchen Vorgehens braucht man sich nicht zu täuschen. Gegen Leidenschaften richtet man mit sublimen Redensarten bekanntlich wenig aus. Die Patientin wird nur die Verschmähung empfinden und nicht versäumen, sich für sie zu rächen.»[23] Freud schreibt also, dass er in Sachen Liebesübertragung keine Moralvorschrift (=Verbot) vertritt, sondern dass diese durch «Rücksichten der analytischen Technik zu ersetzen» seien. Bei richtig angewandter therapeutischer Technik kann man das Verbot (das moralische Oktroi) ohne Veränderung des Ergebnisses weglassen. Natürlich sagt Freud auch, die Therapie habe in Abstinenz zu erfolgen. Das ist jedoch nicht als Gebot, sondern als technische Anweisung zu verstehen.

Das deckt sich mit den Ansichten und Aussagen von Avanti. Samuel Widmer umschrieb dies einmal, wie folgt: *«Keine Beziehungsangelegenheit kann durch Verbote, Gebote und Tabus geregelt werden; jeder diesbezügliche Versuch wird lediglich zur Beendigung des Bezogenseins führen. Es braucht – und dies unter anderem auch um die Frage des Inzesttabus – eine lebendige und wahrhaftige Auseinandersetzung von Du zu Du.»*[24]

Es ist ein grundlegender Unterschied in der Haltung. Es

---

[23] Sigmund Freud, 1931, Schriften zur Neurosenlehre und zur psychoanalytischen Technik, 1913-1926, Рипол Классик. Seite 401 ff

[24] Samuel Widmer Nicolet, Des Kaisers Nacktheit – des Kaisers Dummheit, 2003 Basic Editions, Seite 275

ist ein Unterschied, ob man einem Klienten von vornherein zutraut, dass er sein Leben und seine Entscheidungen verantworten kann, und ihn dort unterstützt und darauf hinweist, wo er es noch nicht kann, oder ob man ein Gefälle zwischen Therapeut und Klient zementiert, indem Klienten in jedem Fall und für alle Zeit als Schutzbedürftige definiert werden. Ersteres führt in die Freiheit und Selbstentfaltung, zweiteres lediglich in eine Anpassung an gesellschaftliche Normen und in ein besseres Funktionieren darin. Auf der Handlungsebene geschieht in den beiden skizzierten Therapien mit grosser Wahrscheinlichkeit dasselbe. Es ist die Wahrnehmungsebene, die sich unterscheidet. Die Auflösung unterdrückter ödipaler Liebesregungen geschieht durch das Wahrgenommenwerden als erwachsenes, sexuelles Wesen. Wenn wir unsere therapeutische Haltung beschreiben, reden wir von dieser Wahrnehmung und dem Zulassen von tabuisierten Gefühlen, nicht von Handlungen, wie uns manche unterstellen wollen.

Wir sind uns bewusst, dass diese Materie sehr komplex und manchmal auch für Fachleute schwer zu verstehen ist. Gerade deshalb wünschen wir uns einen Austausch unter Fachkollegen in geeignetem Rahmen. Dazu haben wir schon mehrfach eingeladen. Gerade dieses Jahr vom 21.-23. Juni veranstalten wir einen Fachkongress zum Thema «Das Inzesttabu in der Psychotherapie», siehe www.kongress-echte-psychotherapie.org.

Ich stelle Ihnen, sehr geehrte Delegierte der SGPP, die Frage, ob die SGPP ein Gefäss sein kann, in dem verschiedene Ansichten und therapeutische Auffassungen Platz haben und wo man sich interessiert, forschend und kollegial miteinander austauschen kann. Wenn ja, dann ist die SGPP der Platz für mich, wo ich mich einbringen möchte.

Ich grüsse Sie freundlich

Dr. med. Manfred Dreier

Mit Schreiben vom 23. April 2019 wurde Manfred Dreier darüber informiert, dass die Delegierten an der SGPP-Versammlung vom 04. April 2019 in geheimer Abstimmung einstimmig seinen Rekurs abgelehnt haben.

Eine Bereitschaft zur gemeinsamen Erforschung und zum Verstehenwollen tief sitzender psychischer Tabus war also bei keinem der Delegierten gegeben. Vielleicht spielen hierbei auch befürchtete Sanktionen und Mobbingmassnahmen eine Rolle, mit denen – trotz geheimer Abstimmung – eine Person hätte rechnen müssen, die gegen seinen Ausschluss aus der SGPP abgestimmt hätte. Die Angst, selbst in eine solche Mobbingspirale zu geraten, in die man andere steckt, ist sicher auch ein gewichtiges Kriterium dafür, bei so etwas mitzumachen.

Im Januar 2019 wurde Avanti von einem befreundeten Kollegen der Brief einer Frau Dr. med. Alexandra Horsch zugespielt. Dieser Brief war an alle SIWF[25] anerkannten psychotherapeutischen Institute für die Weiter- und Fortbildung SGPP verschickt worden mit der Bitte um Stellungnahme. Zur Beurteilung wurde in diesem Schreiben eine «Selbstdarstellung» von Avanti mitgeschickt (Folien aus Kasia Weidenbachs Vortrag), die Frau Horsch jedoch in ihrem Schreiben zu einer kruden Definition von «Echter Psychotherapie» als Therapieform, in der Patienten unter Drogen gesetzt und sexuell missbraucht werden, verwurstet hatte und keinen Bezug zur Realität aufweist.

---

[25] Schweizerisches Institut für ärztliche Weiter- und Fortbildung

Dr. med. Alexandra Horsch Beyerle   07.01.2019
Fachärztin für Psychiatrie und Psychotherapie FMH
Bachstrasse 18
4614 Hägendorf

An alle

SKFW anerkannte psychotherapeutische Institute für die Weiter- und Fortbildung SGPP

**Bitte um Stellungnahme vor dem Hintergrund einer aufsichtsrechtlichen Anzeige bei
dem Kantonalen Gesundheitsamt**

Sehr geehrte Damen und Herren,

vor dem Hintergrund der aufsichtsrechtlichen Anzeige vom 21.12.2018 (Beilage 1) und er
Anfrage im Kantonsrat (Beilage 2) möchte ich Sie hiermit bitten, die beigelegte Selbstdarstellung zu beurteilen. Es handelt sich hier um das sogenannten Netzwerk "Avanti" um
((Ärztenetzwerk der Kirschblütengemeinschaft in Lüssingen-Nenningkofen, SO) den in
2017 verstorbenen Psychiater Dr. Samuel Widmer.

Hiermit möchte ich Sie freundlich bitten, nach Ihrer Beurteilung der beigefügten Selbst-
darstellung die Frage zeitnah und kurz gehalten zu beantworten, ob die hier dargestellten
Therapieform der "Echten Psychotherapie" (von den Mitgliedern des Avantinetzwerkes
praktiziert, in der es zur Anwendung von Drogen wie Mescalin und MDMA ("Psycholyse", s.
Beilagen 1 und 2) und sexuellen Beziehungen zwischen Therapeut/Therapeutin und
Klient/Klientinnen kommt)) Leitlinienkonform und somit sinnvoll und zweckmässig ist.

Für Ihre Mühe vorab herzlichen Dank.

Mit freundlichen Grüssen

Dr. Alexandra Horsch Beyerle

Sehr geehrte Damen und Herren

Vor dem Hintergrund der aufsichtsrechtlichen Anzeige vom 21.12.2018 (Beilage 1) und der Anfrage im Kantonsrat (Beilage 2) möchte ich Sie hiermit bitten, die beigelegte Selbstdarstellung zu beurteilen. Es handelt sich hier um das sogenannte Netzwerk «Avanti» um ((Ärztenetzwerk der Kirschblütengemeinschaft in Lüsslingen-Nennigkofen, SO) den in 2107 verstorbenen Psychiater Dr. Samuel Widmer.

Hiermit möchte ich Sie freundlich bitten, nach Ihrer Beurteilung der beigefügten Selbstdarstellung die Frage, zeitnah und kurz gehalten, zu beantworten, ob die hier dargestellte Therapieform der «Echten Psychotherapie» (von den Mitgliedern des Avanti-Netzwerks praktiziert, in der es zur Anwendung von Drogen wie Mescalin und MDMA («Psycholyse», siehe Beilagen 1 und 2) und sexuellen Beziehungen zwischen Therapeut/Therapeutin und Klient/Klientin kommt) leitlinienkonform und somit sinnvoll und zweckmässig ist.

Für Ihre Mühe vorab herzlichen Dank.

Mit freundlichen Grüssen

Dr. Alexandra Horsch Beyerle

Beilage 1: aufsichtsrechtliche Anzeige

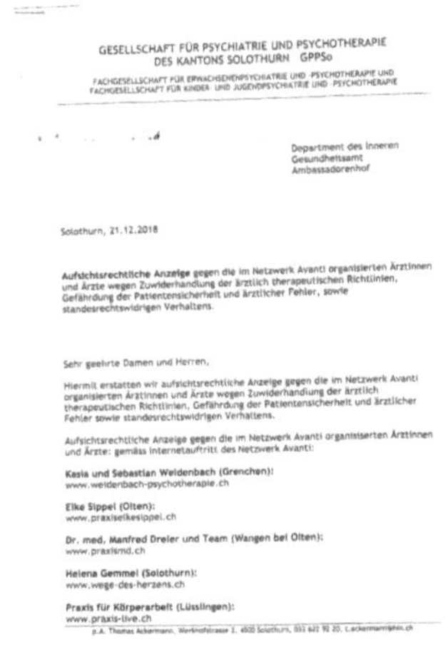

GESELLSCHAFT FÜR PSYCHIATRIE UND PSYCHOTHERAPIE
DES KANTONS SOLOTHURN   GPPSo

FACHGESELLSCHAFT FÜR ERWACHSENENPSYCHIATRIE UND -PSYCHOTHERAPIE UND
FACHGESELLSCHAFT FÜR KINDER- UND JUGENDPSYCHIATRIE UND -PSYCHOTHERAPIE

Department des Inneren
Gesundheitsamt
Ambassadorenhof

Solothurn, 21.12.2018

**Aufsichtsrechtliche Anzeige gegen die im Netzwerk Avanti organisierten Ärztinnen
und Ärzte wegen Zuwiderhandlung der ärztlich therapeutischen Richtlinien,
Gefährdung der Patientensicherheit und ärztlicher Fehler, sowie
standesrechtswidrigen Verhaltens.**

Sehr geehrte Damen und Herren,

Hiermit erstatten wir aufsichtsrechtliche Anzeige gegen die im Netzwerk Avanti
organisierten Ärztinnen und Ärzte wegen Zuwiderhandlung der ärztlich
therapeutischen Richtlinien, Gefährdung der Patientensicherheit und ärztlicher
Fehler sowie standesrechtswidrigen Verhaltens.

Aufsichtsrechtliche Anzeige gegen die im Netzwerk Avanti organisierten Ärztinnen
und Ärzte: gemäss Internetauftritt des Netzwerk Avanti:

Kasia und Sebastian Weidenbach (Grenchen):
www.weidenbach-psychotherapie.ch

Elke Sippel (Olten):
www.praxiselkesippel.ch

Dr. med. Manfred Dreier und Team (Wangen bei Olten):
www.praxismd.ch

Helena Gemmel (Solothurn):
www.wege-des-herzens.ch

Praxis für Körperarbeit (Lüsslingen):
www.praxis-live.ch

p.A. Thomas Ackermann, Werkhofstrasse 2, 4500 Solothurn, 033 622 92 20, t.ackermann@hin.ch

Dem liegt folgender Sachverhalt zugrunde:

Die 'Echte Psychotherapie' (von den Mitgliedern des Avanti Netzwerkes praktiziert)
reklamiert für sich, dass sich Therapeutin und Patientin echt gegenübertreten, d.h.
frei von jedem regulatorischen Überbau. Entsprechend meinte Frau Weidenbach
(Ärztegesellschaft Avanti) bei ihrem Vortrag anlässlich der Jahresversammlung der
Solothurner Ärztegesellschaft vom 07.06.2018 zur therapeutischen Beziehung:
»Diese Beziehung wird geregelt durch das gegenseitige Wollen der Beteiligten,
nicht wie in der angepassten Psychotherapie, durch Verbote, Richtlinien und Tabus,
da dies völlig verschiedene Wege sind, die auch unterschiedliche Ergebnisse
hervorbringen.« Welche Konsequenzen dies für die konkrete Ausgestaltung der
therapeutischen Beziehung unter anderem hat, formulierte sie so: »Obwohl in aller
Regel eine sexuelle Beziehung zwischen Therapeut und Klient dem Klienten schadet
und deshalb darauf verzichtet werden muss, darf man eine solche Möglichkeit nicht
von vornherein ausschliessen, da sonst die Lebendigkeit der Beziehung verloren
geht.« Auch wenn dies gegenüber anderen Äusserungen in der Literatur des
Gründers der 'Echten Psychotherapie' vergleichsweise zurückhaltend formuliert ist,
ist eine sexuelle Beziehung nicht nur während, sondern im ganzen zeitlichen
Umfeld der Psychotherapie nach Ansicht aller Fachleute unter keiner Bedingung
zulässig. Eine sexuelle Beziehung verkennt das asymmetrische (abhängige)
Verhältnis zwischen Therapeutin und Patientin und ist für die psychische Integrität
der Behandelten auch im Falle einer Zustimmung oder eines Wunsches schädlich.
Bereits das Einräumen der Möglichkeit einer sexuellen Beziehung im Rahmen der
Therapie wirkt sich auf deren Beziehungscharakter und damit deren Ergebnis
negativ aus, so dass die Patientinnen auch davor zu schützen sind.

Zu der psycholytischen Therapie werden gemäss Medienberichterstattung
wiederholt Vorwürfe formuliert, die von Aussteigern untermauert wurden. Bei den
„Therapien" in Grossgruppen würden Drogen wie LSD, Ecstasy, Meskalin usw.
abgegeben, im Drogenrausch komme es zu sexuellen Übergriffen, bei den
Einzeltherapien der mit der Gemeinschaft assoziierten Psychiatern passierten
therapeutische Übergriffe, und die Gemeinschaft vertrete eine höchst
problematische Haltung zur Inzestfrage, wie in den Büchern des verstorbenen
Sektengründers Dr. med. Samuel Widmer nachzulesen ist. Diese Vorwürfe werden
von mehreren Aussteigern und Patienten der Psychiater aus dem Umfeld der
Kirschblütler bestätigt.

Wir bitten Sie daher, ein Ermittlungsverfahren einzuleiten und uns über das
Ergebnis des Ermittlungsverfahrens zu informieren.

Mit freundlichen Grüssen

Dr. med. Alexandra Horsch Beyerle
Mitglied GPPSo
Bachstrasse 18
4614 Hägendorf

Dr. med. Thomas Ackermann
Präsident GPPSo
Werkhofstrasse 2
4500 Solothurn

p.A. Thomas Ackermann, Werkhofstrasse 2, 4500 Solothurn, 033 622 92 20, t.ackermann@hin.ch

Aufsichtsrechtliche Anzeige gegen die im Netzwerk Avanti organisierten Ärztinnen und Ärzte wegen Zuwiderhandlung der ärztlich therapeutischen Richtlinien, Gefährdung der Patientensicherheit und ärztlicher Fehler sowie standesrechtswidrigen Verhaltens.

Sehr geehrte Damen und Herren

Hiermit erstatten wir aufsichtsrechtliche Anzeige gegen die im Netzwerk Avanti organisierten Ärztinnen und Ärzte wegen Zuwiderhandlung der ärztlich therapeutischen Richtlinien, Gefährdung der Patientensicherheit und ärztlicher Fehler sowie standesrechtswidrigen Verhaltens. Aufsichtsrechtliche Anzeige gegen die im Netzwerk Avanti organisierten Ärztinnen und Ärzte: gemäss Internetauftritt des Netzwerks Avanti:

Kasia und Sebastian Weidenbach (Grenchen): www.weidenbach-Psychotherapie.ch
Elke Sippel (Olten): www.praxiselkesippel.ch
Dr. med. Manfred Dreier und Team (Wangen bei Olten): www.praxismd.ch
Helena Gemmel (Solothurn): www.wege-des-herzens.ch
Praxis für Körperarbeit (Lüsslingen): www.praxis-live.ch

Dem liegt folgender Sachverhalt zugrunde:
Die «Echte Psychotherapie» (von den Mitgliedern des Avanti-Netzwerkes praktiziert) reklamiert für sich, dass sich TherapeutIn und PatientIn echt gegenübertreten, d.h. frei von jedem regulatorischen Überbau. Entsprechend meinte Frau Weidenbach (Ärztegesellschaft Avanti) bei ihrem Vortrag anlässlich der Jahresversammlung der Solothurner Ärztegesellschaft vom 07.06.2018 zur

therapeutischen Beziehung: «Diese Beziehung wird geregelt durch das gegenseitige Wollen der Beteiligten, nicht wie in der angepassten Psychotherapie durch Verbote, Richtlinien und Tabus, da dies völlig verschiedene Wege sind, die auch unterschiedliche Ergebnisse hervorbringen.» Welche Konsequenzen dies für die konkrete Ausgestaltung der therapeutischen Beziehung unter anderem hat, formulierte sie so: «Obwohl in aller Regel eine sexuelle Beziehung zwischen Therapeut und Klient dem Klienten schadet und deshalb darauf verzichtet werden muss, darf man eine solche Möglichkeit nicht vornherein ausschliessen, da sonst die Lebendigkeit der Beziehung verloren geht.» Auch wenn dies gegenüber anderen Äusserungen in der Literatur des Gründers der «Echten Psychotherapie» vergleichsweise zurückhaltend formuliert ist, ist eine sexuelle Beziehung nicht nur während, sondern im ganzen zeitlichen Umfeld der Psychotherapie nach Ansicht aller Fachleute unter keiner Bedingung zulässig. Eine sexuelle Beziehung verkennt das asymmetrische (abhängige) Verhältnis zwischen TherapeutIn und PatientIn und ist für die psychische Integrität der Behandelten auch im Falle einer Zustimmung oder eines Wunsches schädlich. Bereits das Einräumen der Möglichkeit einer sexuellen Beziehung im Rahmen der Therapie wirkt sich auf deren Beziehungscharakter und damit deren Ergebnis negativ aus, sodass die PatientInnen auch davor zu schützen sind.

Zu der psycholytischen Therapie werden gemäss Medienberichterstattung wiederholt Vorwürfe formuliert, die von Aussteigern untermauert wurden: Bei den «Therapien» in Grossgruppen würden Drogen wie LSD, Ecstasy, Meskalin usw. abgegeben, im Drogenrausch komme es zu sexuellen Übergriffen, bei den Einzeltherapien der mit der Gemeinschaft assoziierten Psychiatern passierten therapeutische Übergriffe und die Gemeinschaft vertrete eine höchst problematische Haltung zur Inzestfrage, wie in den Büchern des verstorbenen Sektengründers Dr. med. Samuel Widmer nachzulesen ist. Diese Vorwürfe werden von mehreren Aussteigern und Patienten der Psychiater aus dem Umfeld der Kirschblütler bestätigt.

Wir bitten Sie daher, ein Ermittlungsverfahren einzuleiten und uns über das Ergebnis des Ermittlungsverfahrens zu informieren.

Mit freundlichen Grüssen

Dr. med. Alexandra Horsch Beyerle
Dr. med. Thomas Ackermann

Als Beilage 2 lag dem Brief von Frau Horsch eine «kleine Anfrage» bei von Rémy Wyssmann, SVP-Kantonsrat von Kriegsstetten, gerichtet an den Regierungsrat. So sahen wir uns genötigt, Stellung zu beziehen zu den weit herum grassierenden verleumderischen Vorwürfen. Wir schrieben Mitte Januar 2019 einen Brief an das Gesundheitsamt, dessen Eingang wenige Tage bestätigt wurde mit der Bemerkung, dass noch kein Verfahren ihrerseits eröffnet worden sei, dass aber die SGPPo für Mitte Februar 2019 eine «Substanziierung» ihrer Anzeige in Aussicht gestellt habe. Das hiess wohl, dass die SGPPo zu diesem Zeitpunkt vermutlich fieberhaft auf der Suche nach Beweisen und Zeugen für ihre Behauptungen war. Herr Ackermann und Frau Horsch haben Anzeige gegen uns erstattet – einfach so!

Stellungnahme von Avanti beim Gesundheitsamt

Lüsslingen, den 18. Januar 2019

Wir verwahren uns in aller Deutlichkeit gegen die in den letzten Tagen vorgebrachten Vorwürfe.
Wir bewegen uns mit unseren Ansichten und mit unserer Arbeit innerhalb der Schweizer Gesetzgebung und respektieren vollumfänglich die Standesordnung unserer Berufsverbände. Wir sind explizit der Meinung, dass sexuelle Kontakte zwischen Therapeut und Klient in einer asymmetrischen (Abhängigkeit des Patienten) Therapiebeziehung nicht stattfinden dürfen, da diese

dem Patienten oder der Patientin schaden.

Kern der Missverständnisse ist, dass uns tabuisierte und verbotene **Handlungen** vorgeworfen werden. Uns geht es jedoch um die **Wahrnehmung** dieser Themen, und darum, dass auch Tabus (wie z.B. Aggression, Neid, Sexualität und ggf. auch sexuelle Anziehung vom Klienten zum Therapeuten) als Thema im therapeutischen Rahmen gefühlt und ausgedrückt werden dürfen.

Weiterhin setzen wir uns als Ärztegesellschaft dafür ein, dass Psycholyse» (substanzgestützte Psychotherapie) als psychotherapeutisches Hilfsmittel in der Zukunft wieder eine breitere Anwendung finden darf, weil wir vom Wert und der Wirksamkeit des Verfahrens überzeugt sind.

Bei den sogenannten «Opfern» oder «»Aussteigern», die wiederholt zitiert werden mit der Aussage, in unseren Kreisen würden Drogen verabreicht und sexuelle Handlungen vorgenommen, handelt es sich um die bekannten beiden Personen, die nichts mit Avanti oder mit der Kirschblütengemeinschaft zu tun haben und auch nie hatten, die aber aus persönlichen Gründen eine äusserst medienwirksame Kampagne mit den genannten Verleumdungen lanciert haben. Auch bei den aktuellen Aktivitäten unserer Kollegen, Thomas Ackermann und Alexandra Horsch Beyerle, handelt es sich um Mobbing, Rufschädigung und Verleumdung.

Für weitere Fragen stehen wir zur Verfügung, weitere Informationen auf www.aerztegesellschaft-Avanti.org.

Mit freundlichen Grüssen
Vorstand Avanti

Der Regierungsrat nahm in einer ausführlichen Antwort zu der Anfrage Stellung und drückte darin aus, dass es keine haltbaren, belegten und somit verfolgbaren Vorwürfe gegen die Psychiater der Kirschblütengemeinschaft gebe. Die wenigen Untersuchungen, die es gegeben habe, seien aufgrund mangelnder Beweise eingestellt worden.

Auszug aus dem Regierungsratsbeschluss:

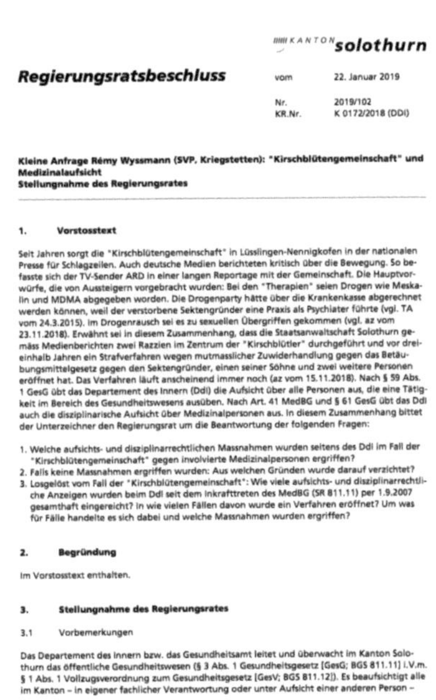

IIIII *K A N T O N* **solothurn**

Regierungsratsbeschluss

vom   22. Januar 2019

Nr.   2019/102
KR.Nr.   K 0172/2018 (DDI)

Kleine Anfrage Rémy Wyssmann (SVP, Kriegstetten): "Kirschblütengemeinschaft" und Medizinalaufsicht
Stellungnahme des Regierungsrates

1.   Vorstosstext

Seit Jahren sorgt die "Kirschblütengemeinschaft" in Lüsslingen-Nennigkofen in der nationalen Presse für Schlagzeilen. Auch deutsche Medien berichteten kritisch über die Bewegung. So befasste sich der TV-Sender ARD in einer langen Reportage mit der Gemeinschaft. Die Hauptvorwürfe, die von Aussteigern vorgebracht wurden: Bei den "Therapien" seien Drogen wie Meskalin und MDMA abgegeben worden. Die Drogenparty hätte über die Krankenkasse abgerechnet werden können, weil der verstorbene Sektengründer eine Praxis als Psychiater führte (vgl. TA vom 24.3.2015). Im Drogenrausch sei es zu sexuellen Übergriffen gekommen (vgl. az vom 23.11.2018). Erwähnt sei in diesem Zusammenhang, dass die Staatsanwaltschaft Solothurn gemäss Medienberichten zwei Razzien im Zentrum der "Kirschblütler" durchgeführt und vor dreieinhalb Jahren ein Strafverfahren wegen mutmasslicher Zuwiderhandlung gegen das Betäubungsmittelgesetz gegen den Sektengründer, einen seiner Söhne und zwei weitere Personen eröffnet hat. Das Verfahren läuft anscheinend immer noch (az vom 15.11.2018). Nach § 59 Abs. 1 GesG übt das Departement des Innern (DdI) die Aufsicht über alle Personen aus, die eine Tätigkeit im Bereich des Gesundheitswesens ausüben. Nach Art. 41 MedBG und § 61 GesG übt das DdI auch die disziplinarische Aufsicht über Medizinalpersonen aus. In diesem Zusammenhang bittet der Unterzeichner den Regierungsrat um die Beantwortung der folgenden Fragen:

1. Welche aufsichts- und disziplinarrechtlichen Massnahmen wurden seitens des DdI im Fall der "Kirschblütengemeinschaft" gegen involvierte Medizinalpersonen ergriffen?
2. Falls keine Massnahmen ergriffen wurden: Aus welchen Gründen wurde darauf verzichtet?
3. Losgelöst vom Fall der "Kirschblütengemeinschaft": Wie viele aufsichts- und disziplinarrechtliche Anzeigen wurden beim DdI seit dem Inkrafttreten des MedBG (SR 811.11) per 1.9.2007 gesamthaft eingereicht? In wie vielen Fällen davon wurde ein Verfahren eröffnet? Um was für Fälle handelte es sich dabei und welche Massnahmen wurden ergriffen?

2.   Begründung

Im Vorstosstext enthalten.

3.   Stellungnahme des Regierungsrates

3.1   Vorbemerkungen

Das Departement des Innern bzw. das Gesundheitsamt leitet und überwacht im Kanton Solothurn das öffentliche Gesundheitswesen (§ 3 Abs. 1 Gesundheitsgesetz [GesG; BGS 811.11] i.V.m. § 1 Abs. 1 Vollzugsverordnung zum Gesundheitsgesetz [GesV; BGS 811.12]). Es beaufsichtigt alle im Kanton – in eigener fachlicher Verantwortung oder unter Aufsicht einer anderen Person –

1. Vorstosstext

Seit Jahren sorgt die «Kirschblütengemeinschaft» in Lüsslingen-Nennigkofen in der nationalen Presse für Schlagzeilen. Auch deutsche Medien berichteten kritisch über die Bewegung. So befasste sich der TV-Sender ARD in einer langen Reportage mit der Gemeinschaft. Die Hauptvorwürfe, die von Aussteigern vorgebracht wurden: Bei den «Therapien seien Drogen wie Meskalin und MDMA abgegeben worden. Die Drogenparty hätte über die Krankenkasse abgerechnet werden können, weil der verstorbene Sektengründer eine Praxis als Psychiater führte (vgl. TA vom 24.3.2015). Im Drogenrausch sei es zu sexuellen Übergriffen gekommen (vgl. az vom 23.11.2018). Erwähnt sei in diesem Zusammenhang, dass die Staatsanwaltschaft Solothurn gemäss Medienberichten zwei Razzien im Zentrum der «Kirschblütler» durchgeführt und vor dreieinhalb Jahren ein Strafverfahren wegen mutmasslicher Zuwiderhandlung gegen das Betäubungsmittelgesetz gegen den Sektengründer, einen seiner Söhne und zwei weitere Personen eröffnet hat. Das Verfahren läuft anscheinend immer noch (az vom 15.11.2018). Nach § 59 Abs. 1 GesG übt das Departement des Innern (DdI) die Aufsicht über alle Personen aus, die eine Tätigkeit im Bereich des Gesundheitswesens ausüben. Nach Art. 41 MedBG und § 61 GesG übt das DdI auch die disziplinarische Aufsicht über Medizinalpersonen aus. In diesem Zusammenhang bittet der Unterzeichner den Regierungsrat um die Beantwortung der folgenden Fragen:

1. Welche aufsichts- und disziplinarrechtlichen Massnahmen wurden seitens des DdI im Fall der «Kirschblütengemeinschaft» gegen involvierte Medizinalpersonen ergriffen?

2. Falls keine Massnahmen ergriffen wurden: Aus welchen Gründen wurde darauf verzichtet?

3. Losgelöst vom Fall der «Kirschblütengemeinschaft»: Wie viele aufsichts- und disziplinarrechtliche Anzeigen wurden beim DdI seit dem Inkrafttreten des MedBG (SR 811.11) per 1.9.2007 gesamthaft eingereicht? In wie vielen Fällen davon wurde ein Verfahren eröffnet? Um was für Fälle handelte es sich dabei und welche Massnahmen wurden ergriffen?

...

3.2 Zu den Fragen
3.2.1 Zu Frage 1:
Welche aufsichts- und disziplinarrechtlichen Massnahmen wurden seitens des DdI im Fall der «Kirschblütengemeinschaft» gegen involvierte Medizinalpersonen ergriffen?

In den Jahren 2006-2015 erfolgten verschiedene Meldungen an das Gesundheitsamt, wonach die Kirschblütengemeinschaft bzw. dessen damaliges «Oberhaupt», Samuel Widmer sel., anlässlich von Seminaren Betäubungsmittel an Patientinnen und Patienten abgebe. In diesem Rahmen sei es verschiedentlich zu sexuellen Kontakten zwischen Therapeutinnen und Therapeuten sowie Patientinnen und Patienten gekommen. Die betreffenden Meldungen waren jeweils sehr vage. Konkrete Beweise (z.B. ein rechtskräftiges Gerichtsurteil) oder substanziierte Vorwürfe von Patientinnen und Patienten wurden nicht erbracht bzw. vorgebracht. Entsprechende Überprüfungen seitens des Gesundheitsamts, unter anderem ein Kontrollbesuch in der Praxis von Samuel Widmer sel. im Jahr 2006, förderten keine Pflichtwidrigkeiten zutage.

2015 führte die Staatsanwaltschaft – unter Beizug des Gesundheitsamts – eine unangekündigte Hausdurchsuchung in den

Praxisräumen von Samuel Widmer sel. durch. Grund dafür waren die Aussagen einer verwirrten Person, die auf der Strasse herumgeirrt sei und ausgeführt habe, sie habe ein Seminar von Samuel Widmer sel. besucht. Sie habe das Seminar verlassen wollen, woran man sie zu hindern versucht habe. Am betreffenden Seminar seien Betäubungsmittel abgegeben worden. Letzteres wurde durch eine bei der betreffenden Person erhobenen Speichelprobe, die einen positiven Befund für die Substanz Amphetamine/Metamphetamine (= Ecstasy) ergab, bestätigt. Samuel Widmer sel. bestätigte gegenüber den Behörden, bei seinen Seminaren zwar Ketalar[26] und Ephedrin[27] abzugeben. Amphetamine/Metamphetamine würden jedoch nicht an die Seminarteilnehmer verteilt. Im Rahmen der Hausdurchsuchung konnte die Staatsanwaltschaft keinerlei belastende Beweise vorfinden. Bei zwei Mitgliedern der Kirschblütengemeinschaft wurden Drogentests durchgeführt. Bei einer der getesteten Personen war das Ergebnis positiv auf Amphetamine/Metamphetamine. Jedoch kann Ephedrin nachweislich fälschlicher-

---

[26] Ketamin ist ein Wirkstoff aus der Gruppe der Anästhetika mit anästhetischen, schmerzlindernden und psychotropen Eigenschaften. Es kommt in der Anästhesie zum Einsatz und wird zur Einleitung und Aufrechterhaltung einer Narkose verwendet. Die Injektionslösung kann intravenös und intramuskulär verabreicht werden. Ketamin wird auch als Rauschmittel missbraucht, unter anderem deshalb, weil es Halluzinationen und lebhafte Träume hervorruft. Zu den häufigsten möglichen unerwünschten Wirkungen gehören ein schneller Herzschlag, ein hoher Blutdruck und Aufwachreaktionen. Selten sind schwere Nebenwirkungen möglich.
[27] Ephedrin ist ein Wirkstoff aus der Gruppe der Sympathomimetika, welcher die Gefässe verengt, die Bronchien erweitert und den Blutdruck erhöht. Es wird bei einer Hypotonie und bei Bronchospasmen gespritzt und ist auch in einigen Erkältungsmitteln enthalten, welche oral verabreicht werden. Zu den häufigsten möglichen unerwünschten Wirkungen gehören zentralnervöse Störungen und Verdauungsbeschwerden. Ephedrin kann als Stimulans, als Vorläuferchemikalie zur Synthese illegaler Rauschmittel und als Dopingmittel missbraucht werden.

weise ein positives Testresultat bei Amphetaminen/Metamphetaminen zur Folge haben. Die positive Einzelprobe erwies sich folglich nicht als aussagekräftig.

Das betreffende, mit der Hausdurchsuchung im Zusammenhang stehende Strafverfahren infolge mutmasslicher Verstösse gegen das Bundesgesetz über die Betäubungsmittel und die psychotropen Stoffe (Betäubungsmittelgesetz, BetMG; SR 812.121) ist derzeit noch bei der Staatsanwaltschaft hängig.

Konkret angeklagt wurden einzig der im Jahr 2017 verstorbene Psychiater Samuel Widmer sel., einer seiner Söhne und zwei weitere Personen. Abgesehen von Samuel Widmer sel., der bis zu seinem Tod über eine Berufsausübungsbewilligung verfügte, handelt es sich dabei jedoch nicht um Psychiaterinnen oder Psychiater oder anderweitige, unter der Aufsicht des Gesundheitsamts stehende Gesundheitsfachpersonen. Die Staatsanwaltschaft stellte im November 2018 in Aussicht, das Verfahren könne bald abgeschlossen werden. Die lange Verfahrensdauer liege in verschiedenen Faktoren begründet, insbesondere in der Komplexität des Falls bezüglich Zeugenbefragungen, Aussageverhalten und Beweislage.

Gegen einen weiteren Psychiater, welcher der Kirschblütengemeinschaft angehört, wurde 2013 seitens einer Patientin Meldung beim Gesundheitsamt erstattet. Im Verlauf der Kontakte mit dem betreffenden Psychiater sei es nach Aussage der vorerwähnten Patientin zu einer Verwischung von privaten und beruflichen Begegnungen gekommen. Dies habe in eine Streitigkeit gemündet, in deren Rahmen Samuel Widmer sel. und der betreffende Psychiater ihr angeblich gedroht hätten, Teile Ihrer Krankengeschichte an Dritte weiterzuleiten, wenn sie sich diesbezüglich an die Öffentlichkeit wende. Angeblich sei sie vom vorerwähnten Psychiater gar körperlich angegriffen bzw. am Arm gepackt worden, was Hämatome am Arm zur Folge gehabt habe. Zudem habe der Psychiater – wie überdies auch Samuel Widmer sel. – seine medizinischen Leistungen nicht korrekt mit der obligatorischen Krankenpflegeversicherung (OKP) abgerechnet. Die Anzeigerin führte zudem aus, sie verfüge über Audiodateien, welche die ausgestossenen Drohungen bestätigen würden. Sie stellte ferner die Einreichung von Strafanzeigen und Beschwerden bei der ärztlichen Standeskommission mitsamt zusätzlichen Beweismitteln in Aussicht. Jedoch reichte diese Patientin die vermeintlichen Audiodateien und weitere substanzielle Beweismittel nie beim Gesundheitsamt oder einer anderen Behörde ein. Das Gesundheitsamt nahm im Anschluss Kontakt mit Samuel Widmer sel. auf und konfrontierte diesen mit den erhobenen Vorwürfen. Letzterer bezeichnete sämtliche Vorwürfe als unhaltbar. Das Gesundheitsamt orientierte die Anzeigerin zudem darüber, dass Strafanzeigen bei der Staatsanwaltschaft einzureichen seien. Ferner könne sie sich auch standesrechtlich bei der kantonalen Ärztegesellschaft beschweren. Aufgrund dessen, dass die erhobenen Vorwürfe nicht ausreichend belegt werden konnten, könne das Gesundheitsamt der Sache nicht weiter nachgehen. Seitens der Anzeigerin erfolgten anschliessend weder Strafanzeigen oder Beschwerden an die Standeskommission. Vor diesem Hintergrund wurde mangels Substantiiertheit der vorgebrachten Beanstandungen kein aufsichtsrechtliches Verfahren eingeleitet.

2003 wurde gegen ein anderes im Bereich der Psychiatrie tätiges Mitglied der Kirschblütengesellschaft eine aufsichtsrechtliche Anzeige erhoben. Grund dafür war, dass diese während eines halben Jahres dreimal mit einem Inserat für sinnliche erotische Massagen geworben hatte. Das Gesundheitsamt hat daraufhin mit der betreffenden Person – anlässlich des von ihr eingereichten Gesuchs um Erteilung einer Berufsausübungsbewilligung – zwei eingehende Gespräche geführt und entsprechende Abklärungen getätigt. Zudem liess das Gesundheitsamt gutachterlich abklären, ob die Erteilung einer Berufsausübungsbewilligung aufgrund der therapeutischen Haltung der betreffenden Person verweigert werden muss. Das betreffende Mitglied der Kirschblütengesellschaft hat sich auf Nachfrage hin klar von erotischen Massagen distanziert. Zudem konnten ihr weder strafbare Handlungen noch konkrete Verletzungen von Berufspflichten nachgewiesen werden. Aufgrund dessen konnte die Ausstellung einer Berufsausübungsbewilligung – mitunter auch gestützt auf die Ergebnisse des vorerwähnten Gutachtens – nicht verweigert werden.

3.2.2 Zu Frage 2:

Falls keine Massnahmen ergriffen wurden: Aus welchen Gründen wurde darauf verzichtet?

Es ergingen, wie bereits in Ziff. 3.2.1 ausgeführt wurde, bislang keine Meldungen an das Gesundheitsamt, welche zureichende Indizien für Pflichtwidrigkeiten von Medizinalpersonen im Umfeld der Kirschblütengemeinschaft beinhalteten. Die Rügen beschränkten sich stets auf die von den Medien berichteten Vorkommnisse und auf nicht näher belegte Aussagen von Kirschblütler-Aussteigerinnen und -Aussteigern. Die notwendigen Beweise fehlten stets. Betroffene Patientinnen und Patienten haben sich bisher nicht bereit erklärt, gegen die Kirschblütengemeinschaft als Zeugen auszusagen. Rechtskräftige Strafurteile gegen Mitglieder der Kirschblütengemeinschaft liegen ebenfalls nicht vor.

3.2.3 Zu Frage 3:

Losgelöst vom Fall der «Kirschblütengemeinschaft»: Wie viele aufsichts- und disziplinarrechtliche Anzeigen wurden beim Ddl seit dem Inkrafttreten des MedBG (SR 811.11) per 1.9.2007 gesamthaft eingereicht? In wie vielen Fällen davon wurde ein Verfahren eröffnet? Um was für Fälle handelte es sich dabei und welche Massnahmen wurden ergriffen?

In den letzten fünf Jahren (2014-2018) wurden insgesamt 21 Aufsichts- bzw. Disziplinarverfahren gegen Medizinalpersonen eröffnet. Es handelte sich dabei um Verletzungen des Berufsgeheimnisses oder der Beistandspflicht, die Ausstellung von falschen Arztzeugnissen, die Nichtausstellung von Arztzeugnissen, die Nichterfüllung der Notfalldienstpflicht, die Nichtbezahlung der Ersatzabgabe für die Dispensation von der Notfalldienstpflicht, die unsorgfältige Berufsausübung (z.B. mangelnde Hygiene, unzureichende Führung der Patientendokumentationen, nicht korrekte Rechnungsstellung, abgelaufene Arzneimittel etc.) oder die unzureichende Wahrung der Patientenrechte. Es erfolgten in diesen 21 Fällen folgende Anordnungen:

- Einstellung des Verfahrens: 7
- Verwarnung: 5
- Verweis: 5
- Busse: 1
- Bewilligungsentzug: 2
- Praxisschliessung: 1

Gegenüber anderen Gesundheitsfachpersonen (z.B. Heilpraktikerinnen und Heilpraktiker, Physiotherapeutinnen und Physiotherapeuten sowie Hebammen und Geburtshelfer) und bewilligungspflichtigen Einrichtungen des Gesundheitswesens (z.B.

Rettungs- und Krankentransportfirma) wurden in den letzten fünf Jahren zehn Aufsichts- und Disziplinarverfahren durchgeführt. Somit hat das Gesundheitsamt zwischen 2014 und 2018 insgesamt 31 Aufsichts- und Disziplinarverfahren eröffnet, d.h. sechs pro Jahr.

Abschliessend ist darauf hinzuweisen, dass das Gesundheitsamt in konstanter Praxis eine gründliche Prüfung der Gesuche um Erteilung von Berufsausübungsbewilligungen vornimmt und die Bewilligungserteilung bei ins Gewicht fallenden Zweifeln an der Vertrauenswürdigkeit der gesuchstellenden Person verweigert.

Andreas Eng Staatsschreiber

Verteiler:
- Departement des Innern, Gesundheitsamt (2)
- Gesellschaft der Ärztinnen und Ärzte des Kanton Solothurn (GAeSO)
- Parlamentsdienste Traktandenliste Kantonsrat

Auch die Presse wurde Anfang 2019 in die Hetzkampagne miteinbezogen. Ein Journalist der NZZ fragte in diesen Tagen nach einer Stellungnahme unsererseits zu den Vorwürfen gegen uns, die an ihn herangetragen worden waren.

Obwohl wir dieses permanenten Rechtfertigungszwangs müde waren und unsere Zeit und Energie lieber in sinnvollere Tätigkeiten investieren statt in das Verfassen immer gleicher Stellungnahmen, stellten wir dem Journalisten unsere Sicht der Dinge dar, die in den am 22. Januar 2019 auf NZZ online erschienenen Artikel weitestgehend mit aufgenommen wurde.

Artikel in der NZZ online am 22. Januar 2019:

Vorwürfe wegen Sex und Drogen – die Kirschblütler kommen unter Druck

von Simon Hehli

Fotounterschrift: Ecstasy und andere bewusstseinserweiternde Drogen gehören laut Kritikern zum Standardprogramm bei Therapiesitzungen der Kirschblütler.

Eine Gruppe von Psychiatern und ihre Anhänger experimentieren im Kanton Solothurn mit LSD und Gruppensex. Die Fachgesellschaft will dem Treiben nicht länger zusehen und fordert die Politik auf, endlich zu handeln.

Tantra, Drogen, Psychotherapie: Seit Jahren sorgt die Kirschblütengemeinschaft aus dem solothurnischen Dorf Nennigkofen-Lüsslingen für Negativschlagzeilen. Die Fachstelle für Sektenfragen warf ihr 2015 sektenhafte Strukturen vor: Im Zentrum stehe ein Guru, die esoterischen Erlösungs- und Heilsversprechen würden durch den Konsum von LSD oder Ecstasy zusätzlich verstärkt. Der Tod des spirituellen Führers Samuel Widmer im Januar 2017 bereitete dem Wirbel um die Gemeinschaft mit rund 200 Anhängern – darunter viele Deutsche – kein Ende. So erzählte im vergangenen November eine Patientin dem Lokalsender Tele M1, eine Psychiaterin aus dem Kreis der Kirschblütler habe Therapiesitzungen mit Drogen mit ihr machen wollen. Nun steigt auch auf der politischen Ebene der Druck auf die Gruppe. Thomas Ackermann, Präsident der Gesellschaft für Psychiatrie und Psychotherapie des Kantons Solothurn (GPPSo), reichte Ende Dezember gemeinsam mit der Psychiaterin Alexandra Horsch eine aufsichtsrechtliche Anzeige beim Solothurner Gesundheitsamt ein. Diese richtete sich gegen mehrere Mitglieder der Kirschblütengemeinschaft, die als Ärzte und Psychotherapeuten praktizieren, darunter die im Tele-M1-Beitrag kritisierte Psychiaterin und das Ehepaar Kasia (alias Katherine) und Sebastian Weidenbach. Sie sind organisiert im Netzwerk Avanti. Als dessen Vertreterin hielt Kasia Weidenbach im Juni 2018 an der Jahresversammlung der Solothurner Ärztegesellschaft einen Vortrag, der aus Sicht der Kritiker ein Ermittlungsverfahren mehr als rechtfertigen würde.

«Sexuelle Beziehung nicht ausschliessen»

Weidenbach und ihre Gesinnungsgenossen nehmen für sich in

Anspruch, «echte» Psychotherapie zu betreiben. Diese definierte sie in ihrem Vortrag folgendermassen: «Im Unterschied zur angepassten Psychotherapie hat die Echte Psychotherapie die Befreiung von der menschlichen Konditionierung und damit die Befreiung zur Liebe zum Ziel, nicht die Anpassung an gesellschaftliche Normen.» Es folgte die umstrittenste Passage: «Obwohl in aller Regel eine sexuelle Beziehung zwischen Therapeut und Klient dem Klienten schadet und deshalb darauf verzichtet werden muss, darf man eine solche Möglichkeit nicht von vornherein ausschliessen, da sonst die Lebendigkeit der Beziehung verloren geht.» Diese Beziehung werde geregelt durch das «gegenseitige Wollen» der Beteiligten.

Die Kritiker interpretieren diese Aussagen, auch wenn sie im Vergleich zu Texten von Widmer zurückhaltend formuliert seien, als Freipass für Übergriffe. Eine sexuelle Beziehung zwischen Therapeut und Patient sei unter keiner Bedingung zulässig, halten auch die Standesregeln des Verbandes der Schweizer Psychotherapeuten fest. Eine solche Beziehung verkenne das asymmetrische Verhältnis zwischen den beiden Beteiligten und sei für die psychische Integrität der Behandelten auch im Falle einer Zustimmung oder eines Wunsches schädlich, unterstreichen Horsch und Ackermann. Sie fordern die Behörden zum Handeln auf, um die Patientinnen und Patienten zu schützen.

Die beiden Ärzte verweisen in ihrer Anzeige auch auf Therapien in Grossgruppen, bei denen es laut Zeugenaussagen unter Drogeneinfluss zu sexuellen Übergriffen gekommen sein soll. Die deutsche Kirschblüten-Aussteigerin Ariela Bogenberger beschrieb 2017 in einem Dokumentarfilm des Bayrischen Rundfunks solche Orgien: Man liegt aufeinander, und dann kommt es zum Äussersten. Den Orgasmus hat man auf dem, auf dem man gerade zufällig landet.»

Genügend belastendes Material

Das solothurnische Departement des Innern sieht jedoch «keine zureichenden Indizien für Pflichtwidrigkeiten von Ärztinnen und Ärzten im Umfeld des Netzwerks Avanti», wie es in der Antwort vom Januar heisst. Es würden in der Anzeige konkrete Hinweise fehlen, etwa «substanziierte Vorwürfe» von Patientinnen und Patienten. Solche will die GPPSo nun noch nachliefern. Sie hätten genügend belastendes Material gesammelt, sagt die Psychiaterin Horsch. Die Fachgesellschaft stehe in Kontakt mit mehreren Patientinnen, die früher bei Kirschblüten-Ärzten in Behandlung gewesen seien. Eine Frau berichtet in einer Mail von der «sehr effektiven Methode» Widmers, mithilfe eines Drogencocktails den Therapieteilnehmern einzureden, dass sie Tantra-Gruppensex toll fänden. «Und am Ende glauben die Klientinnen, dass sie sich dem Meister „schenken" müssen. Überhaupt den Männern, die es nötig haben.»

Horsch kritisiert, dass die Solothurner Behörden trotz all den Vorwürfen gegen Widmer und seine Nachfolger untätig geblieben seien. «Es mag ja sein, dass sie am Anfang dachten, es handle sich um eine harmlose Hippiegruppe – doch nun tut ein Umdenken not: Dank zahlreichen Medienberichten wissen wir, dass dies eine gefährliche Sekte ist!» Die Fachstelle Infosekta schrieb 2015 in einer Anzeige an die Solothurner Staatsanwaltschaft, dass in Kirschblütler-Seminaren offenbar auch unter 25-Jährige, deren neuronale Entwicklung noch nicht abgeschlossen sei, illegale Drogen erhalten würden. Weil die Therapeuten selber unter dem Einfluss der Suchtmittel stünden, sei zudem eine nüchterne Begleitung der Teilnehmer nicht garantiert. Bei einer

Therapiesession in Berlin, die ein Widmer-Schüler durchführte, starben 2009 zwei Personen an einer Überdosis.

Gegen die Gemeinschaft in Lüsslingen läuft seit bald vier Jahren ein Verfahren der Solothurner Staatsanwaltschaft. Sie geht dem Verdacht nach, dass Widmer, einer seiner Söhne und zwei weitere Personen bei Therapien illegale Drogen abgegeben haben. Verwertet wird dabei auch Material, das die Polizei bei zwei Razzien im Zentrum der Kirschblütler sichergestellt hat. Am Dienstag wird die Solothurner Regierung aufgrund der Anfrage eines SVP-Kantonsrates Stellung beziehen müssen zu ihrem Umgang mit der umstrittenen Gruppe. Wie es beim Krankenkassenverband Santésuisse auf Anfrage heisst, gibt es auch Versicherer, die Nachforschungen anstellen bezüglich Zweckmässigkeit der Behandlungen durch Kirschblüten-Therapeuten. Als anerkannte Ärzte können sie Leistungen über die Grundversicherung abrechnen.

Die Kirschblütler verteidigen sich

Die kritisierten Avanti-Psychiater weisen alle Vorwürfe zurück und sprechen von «Verleumdungen». Auf Anfrage der NZZ halten Kasia und Sebastian Weidenbach fest, ihre Ärztegesellschaft respektiere «die geltenden Standesregeln vollumfänglich und vertritt explizit die Meinung, dass sexuelle Kontakte zwischen Therapeut und Klient im Rahmen der asymmetrischen (Abhängigkeit des Patienten) Therapiebeziehung nicht stattfinden dürfen». Ihnen sei jedoch wichtig, dass Themen wie Aggression, Neid, Sexualität und gegebenenfalls auch Gefühle sexueller Anziehung vom Klienten zum Therapeuten im therapeutischen Prozess nicht tabuisiert, sondern reflektiert werden dürften. Zudem seien sie überzeugt vom Wert und von der Wirksamkeit der

Psycholyse, also der Psychotherapie mithilfe bewusstseinsverändernder Substanzen.

In einem offenen Brief an GPPSo-Präsident Ackermann schrieb das Ehepaar im vergangenen Juli, sie sagten gar nicht, dass man Sex oder irgendwelche Grenzüberschreitungen in der Therapie machen solle. «In unseren Kreisen und auch bei Samuel Widmer ist das noch nie vorgekommen, obwohl uns natürlich bekannt ist, dass derartige Gerüchte, als Fakten bezeichnet, seit Jahren die Runde machen.» An den Solothurner Behörden liegt es nun, aufzuzeigen, wo die Wahrheit liegt.

Auch die Solothurner Zeitung sprang wieder einmal auf das Pferd mit auf und veröffentlichte einen Tag später einen Artikel, der weitestgehend von der NZZ abgeschrieben worden war, und gleich noch einen zweiten einen Tag später.

Artikel in der Solothurner Zeitung am 23. Januar 2019:

Der Kanton tut nichts

Von Noëlle Karpf

Kirschblütler Sex zwischen Therapeut und Patient solle man nicht ausschliessen – diese Aussage aus den Reihen der Gemeinschaft führte zu einer Anzeige. Einmal mehr ohne Konsequenzen.

Sie soll bei einem Vortrag der Solothurner Ärztegesellschaft gefallen sein: Die Aussage, dass eine sexuelle Beziehung zwischen Patient und Therapeut nicht ausgeschlossen werden solle. Laut der «Neuen Züricher Zeitung» hat diese Aussage ein Mitglied der Lüsslinger Kirschblütengemeinschaft vergangenen Sommer gemacht. Die Kirschblütengemeinschaft, gegen welche genau deswegen über die vergangenen Jahre hinweg immer wieder Vorwürfe erhoben wurden: Bei den Therapiesitzungen der Gemeinschaft, welche laut eigenen Angaben »Echte Psychotherapie» betreibt, soll es zu illegalen Drogenabgaben und zu sexuellen Übergriffen kommen. Diese Vorwürfe konnten aber nie erhärtet werden. Dazu zählen aber auch Berichte von Aussteigern der als sektenähnlich bezeichneten Gemeinschaft. Oder ein Seminar in Deutschland, das von einem Schüler der Gemeinschaft durchgeführt worden sein soll, bei welchem es zu zwei Todesfällen kam.

Jetzt haben zwei Psychiater aus dem Kanton eine weitere Anzeige eingereicht aufgrund der Aussage während des Vortrags vor der Ärztegesellschaft. Der Vortrag habe das Fass zum Überlaufen gebracht, wie Thomas Ackermann, Präsident der Gesellschaft für Psychiatrie und Psychotherapie des Kantons Solothurn, auf Anfrage berichtet. Gemeinsam mit der Psychiaterin Alexandra Horsch reichte er eine aufsichtsrechtliche Anzeige beim kantonalen Gesundheitsamt ein. In der Rückmeldung vom Kanton hiess es aber, die Anzeige habe zu wenig Substanz. Ackermann hingegen findet: Mehr Substanz geht nicht. «Wenn ein Therapeut öffentlich aussagt, er wolle sexuelle Kontakte mit Patienten nicht ausschliessen, betrachte ich das als massive Grenzüberschreitung.» Für ihn ist der Fall klar: Der Kanton schaue nicht hin; »der Kanton tut nichts».

Zwischenzitat, herausgehoben:

«Wenn ein Therapeut öffentlich aussagt, er wolle sexuelle Kontakte mit Patienten nicht ausschliessen, betrachte ich das als massive Grenzüberschreitung.»
Thomas Ackermann, Präsident Gesellschaft für Psychiatrie und Psychotherapie des Kantons Solothurn

Fehlende Beweislage

Das Gesundheitsamt ist die kantonale Aufsichtsbehörde über Gesundheitsfachpersonen. Diese kontrolliert, ob Ärzte und Psychiater die Pflichten einhalten, die mit der Berufsausübungsbewilligung einhergehen. Bei Missständen kann sie Bewilligungen entziehen; Praxen schliessen. Amtsleiter Heinrich Schwarz teilt auf Anfrage mit: «Falls konkrete und nachprüfbare Vorwürfe von Patientinnen oder Patienten erhoben werden, wird das Gesundheitsamt selbstverständlich auch in Zukunft umgehend diesen Vorwürfen nachgehen.»

Bei allen anderen gestellten Fragen verweist das Gesundheitsamt auf Aussagen des Regierungsrates. Dieser hat sich gestern mit dem Thema beschäftigt. Dies aufgrund einer kleinen Anfrage von Rémy Wyssmann (Kriegsstetten). Der SVP-Kantonsrat wollte wissen, welche Massnahmen ergriffen worden seien. Die Antworten der Regierung wurden gestern veröffentlicht und zeigen verschiedene, bisher unbekannte Vorfälle auf, welche bisher keine Konsequenzen hatten.

So heisst es, die Razzia, die bei den Kirschblütlern im Jahr 2015 durchgeführt worden war, habe keine belastenden Beweise hervorgebracht. Ausgelöst worden sei die Razzia durch eine verwirrte Person, welche sich auf der Strasse herumtrieb und behauptete, sie sei an einem Seminar der Kirschblüte gewesen. Eine Speichelprobe deutete auf Ecstasy hin. Nur: Der mittlerweile verstorbene Anführer der Kirschblütler, Samuel Widmer, hatte bereits früher erklärt, er verwende in seinen Therapiesitzungen keine verbotenen Substanzen, sondern andere sinneserweiternde, legale Stoffe. Und diese Substanzen können bei einem Drogentest fälschlicherweise Ecstasy angeben. Somit konnte der Test nicht verwertet werden.

Weiter fasst die Regierung zusammen: «Es gingen bislang keine Meldungen an das Gesundheitsamt, welche zureichende Indizien für Pflichtwidrigkeiten von Medizinalpersonen im Umfeld der Kirschblütengemeinschaft beinhalteten.» Nicht die Meldungen zwischen 2006 und 2015 zu sexuellen Kontakten und Betäubungsmitteln während der Seminare; nicht die Anschuldigungen einer ehemaligen Patientin, welche dann aber doch keine Beweise erbringen wollte oder konnte. Auch eine Praxisdurchsuchung bei Widmer führte zu keinem Ergebnis. Betroffene Patientinnen und Patienten hätten sich bisher nicht bereit erklärt, gegen die Kirschblütengemeinschaft als Zeugen auszusagen, so die Regierung. Auch wurde nie jemand von der Gemeinschaft verurteilt.

Strafuntersuchung dauert an

Derzeit läuft ein Strafverfahren gegen drei Mitglieder der Kirschblütler wegen Widerhandlungen gegen das Betäubungsmittelgesetz. Die Solothurner Staatsanwaltschaft bestätigt dies auf Anfrage und teilt mit, man rechne mit einem baldigen Verfahrensabschluss. Im Zusammenhang mit dem mittlerweile fast vierjährigen Verfahren schreibt Mediensprecher Jan Lindenpütz: «In diesem Zusammenhang haben Umstände rund um Zeugenbefragungen,

Aussageverhalten und Beweislage zu einer längeren Verfahrensdauer geführt.»

Die beiden Solothurner Psychiater, welche beim Gesundheitsamt Anzeige wegen des eingangs erwähnten Vortrags eingereicht hatten, könnten nun noch Beweise nachreichen. Psychiaterin Horsch steht in Kontakt mit mehreren ehemaligen Patienten. Um Beweise nachreichen zu können, wurde sie auch von der Schweigepflicht entbunden. Bisher hat sie aber keine nachgereicht. Gemäss vorliegenden Informationen will sie dies jedoch noch tun.

Ärztejurist: „Wir schauen nicht weg"

Kirschblütler Auch bei der Solothurner Ärzteschaft gab es schon Meldungen wegen der umstrittenen Gemeinschaft – es blieb aber auch hier jeweils bei vagen Vorwürfen.

Einmal mehr ist die Kirschblütengemeinschaft in den Schlagzeilen. Gegen die Gemeinschaft aus Lüsslingen-Nennigkofen ist eine Aufsichtsanzeige eingereicht worden. Dies, weil ein Mitglied sich bei einem Vortrag letzten Sommer vor der Solothurner Ärztegesellschaft dahingehend geäussert hatte, dass Sex zwischen Patient und Therapeut nicht grundsätzliche auszuschliessen sei (Ausgabe von gestern). Bislang hatte die Anzeige aber keine Konsequenzen. Wie die früheren Fälle ehemaliger Mitglieder, die berichteten, an Therapieseminaren käme es zu sexuellen Handlungen oder Drogenabgaben. Für die Anschuldigungen fehlten stets die Beweise, schrieb diese Woche der Solothurner Regierungsrat, der sich mit den Kirschblütlern befasst hat.
Ähnlich tönt es auf Nachfrage bei der Solothurner Ärztegesellschaft. Bereits vor über 10 Jahren waren die Kirschblütler hier Thema. Eine Verurteilung hat es aber nie gegeben, wie Michel Meier, Rechtsanwalt der Ärztegesellschaft, betont. Besteht der Verdacht, dass ein Arzt gegen die Standesordnung – eine Art Berufskodex – verstossen hat, kann bei der Ärztegesellschaft Meldung erstattet werden. Die Ombudsstelle kümmert sich um Streitigkeiten, die Standeskommission überprüft Anzeigen. Bei tatsächlichem Fehlverhalten kann die Gesellschaft Bussen er-

teilen oder Ärzte ausschliessen. «Einen groben Verstoss gegen die Standesordnung durch Kirschblütler gab es nie» stellt Meier fest. Die letzte konkrete Meldung zur Gemeinschaft liege zudem Jahre zurück. Der damalige Knatsch zwischen zwei Ärzten konnte mit einem Vergleich geregelt werden. Zwar seien der Gesellschaft auch schon Vorwürfe bezüglich der Kirschblütler zu Ohren gekommen. Mehr aber nicht. Auch nach Verweis auf die Ombudsstelle und die Standeskommission seien konkrete Beschwerden ausgeblieben. «Wir schauen nicht weg – aber ohne Beweise können wir nichts machen.»

Auf die Frage, wie denn die Ärztegesellschaft selbst die Kirschblütler-Gemeinschaft in Bezug auf Einhaltung der Standesordnung einschätzt, sagt Meier: «Es ist nicht Aufgabe der Gesellschaft, dies zu beurteilen.» Dafür gebe es die Standeskommission. Vorverurteilen wolle man niemanden.

Gleichentags schickten wir einen Leserbrief an die Solothurner Zeitung, der am nächsten Tag erschien.

Man müsste halt miteinander sprechen
Ausgabe vom 23.1.: Kirschblütler: „Der Kanton tut nichts"

Danke, dass endlich einmal festgehalten wurde, dass ausser Gerüchten nichts gegen Mitglieder der Kirschblütengemeinschaft vorliegt. Auch in diesem Fall gibt es nichts ausser böswilligen Verleumdungen. Schade ist es nur, dass niemand, weder der uns anzeigende Thomas Ackermann noch diese Zeitung, uns einmal direkt fragt, was denn eigentlich gemeint ist mit unseren Aussagen. Die Missverständnisse würden sich nämlich schnell klären lassen, wenn man miteinander sprechen würde. Schade. Wieder einmal eine Chance verpasst, sich zu verständigen oder wirklich gründlichen oder eben «echten» Journalismus zu betreiben.

Katherine Weidenbach, Ärztegesellschaft Avanti, Lüsslingen- Nennigkofen

Am 25. Januar 2019 formulierten wir eine Gegendarstellung, die fünf Tage später nach längerem Hin und Her mit dem zuständigen Journalisten Balz Bruder als weiterer Artikel erschien.

Artikel in der Solothurner Zeitung am 30. Januar 2019:

Kirschblütler wehren sich gegen «Verurteilungen»

Von Balz Bruder

Avanti Die Lüsslinger Ärzte setzen zur Verteidigung an und kritisieren verschiedene Aussagen scharf.

«Mit teilweise falschen, missverständlichen oder verurteilenden Inhalten» hätten verschiedene Personen über sie gesprochen, moniert die Ärztegesellschaft Avanti in Bezug auf die Berichterstattungen vom 23. und 24. Januar 2019 gegenüber dieser Zeitung.

«Wir propagieren weder Sex in der Therapie noch findet solcher in unserer Arbeit statt», halten die Lüsslinger Ärzte fest. Vielmehr gehe es darum, «dass in einer Therapie alles gefühlt und besprochen werden darf». Dazu gehörten «auch alle Themen rund um die Sexualität». Zum Beispiel, wenn der Klient oder die Klientin sich zum Therapeuten oder zur Therapeutin hingezogen fühle. «Avanti» betont: «Gemeint ist nicht, dass sexuelle Handlungen zwischen Therapeuten und Klienten ausgeführt werden sollen. Sexuelle Handlungen in einer solchen Abhängigkeitsbeziehung halten wir in Übereinstimmung mit Gesetz und Standesregeln für Missbrauch und schädlich.»

Weiter wehren sich die Lüsslinger Ärzte gegen die Aussage, «Aussteiger» aus der Gemeinschaft hätten ausgesagt, es sei zu illegaler Abgabe von Drogen gekommen. Diese Äusserungen stammen von zwei Personen, die Avanti bekannt seien, jedoch nie zur Kirschblütengemeinschaft oder zur Ärztegesellschaft gehört hätten, «sondern die aus persönlichen Gründen seit Jahren Verleumdungen äussern, um uns zu diffamieren und zu schaden». «Es sind unwahre Behauptungen und angebliche Beweise gab es nie», stellt Avanti klar.

Zudem gibt es zwei Aussagen, denen die Ärztegesellschaft ebenfalls widerspricht. Erstens: Die Aussage, der Jahre zurückliegende Knatsch zwischen zwei Ärzten habe mit einem Vergleich geregelt werden können, lege nahe, «wir wären auch damals angezeigt worden». In Tat und Wahrheit habe die Lüsslinger Ärztegesellschaft «die obersten Psychiater des Kantons vor der Standeskommission wegen Verleumdung angezeigt, worauf diese eine Vereinbarung unterschreiben mussten, keine solchen ver-

leumderischen Aussagen mehr in der Öffentlichkeit zu verbreiten».

Zweitens: Dem Zitat von Thomas Ackermann, Präsident der
Solothurner Gesellschaft für Psychiatrie und Psychotherapie, ihre
Aussagen über Sexualität und Therapie seien «eine massive
Grenzüberschreitung», halten die Lüsslinger Ärzte ihrerseits ent-
gegen: «Die öffentlichen Verleumdungen ohne ein einziges
persönliches Gespräch, das wir mehrfach angeboten haben, stellen die eigentliche, massive Grenzüberschreitung und Verletzung
der Standesregeln dar.»

Es wurde immer klarer, dass es kein persönliches Gespräch mit Thomas Ackermann geben würde und dass wir offensichtlich systematisch und mit allen Mitteln aus dem Verkehr gezogen werden sollten, wobei auch vor existenzieller Ruinierung durch massive Rufschädigung nicht Halt gemacht wurde. Man wollte uns nicht verstehen und sah uns als Bedrohung für die Scheuklappen, mit denen die Psychiatrie im Kanton Solothurn und der Schweiz belegt ist und bleiben soll.
Obwohl wir lieber in Ruhe und Frieden leben und unsere Arbeit machen, fühlten wir uns gezwungen, eine Standesklage bei der Standeskommission der GAeSO einzureichen.

Anrufung der Standeskommission betreffend unsere Auseinandersetzung mit

Dr. med. Thomas Ackermann
Präsident GPPSo
Werkhofstrasse 2
4500 Solothurn

und

Dr. med Alexandra Horsch Beyerle
Fachärztin für Psychiatrie und Psychotherapie FMH
Bachstrasse 18
4614 Hägendorf

Wegen Verstoss gegen Art. 23 (kollegiales Verhalten, unzulässige Kritik) und evtl. Art. 25 (Expertise zu Behandlungs- oder Diagnosefehlern) der Standesordnung der FMH vom 1. Juli 1997

Sehr geehrte Damen und Herren

Mit diesem Schreiben rufen wir Sie als Standeskommission an, nachdem jegliche Versuche einer persönlichen Klärung leider gescheitert sind.

Wir bedauern diesen Schritt sehr und versichern, dass wir im Vorfeld alles uns Mögliche unternommen haben, um in einem persönlichen Gespräch die Missverständnisse zu klären.

In der Beilage finden Sie zwei Briefe, einen an Herrn Thomas Ackermann und einen an die beiden Präsidenten der GAeSO, auf welche wir leider keine Antwort erhalten haben.

Herr Ackermann hat uns nach unserem Kurzvortrag «Avanti stellt sich vor» am 7.06.2018 bei der Mitgliederversammlung der Solothurner Ärztegesellschaft in seiner Eigenschaft als Präsident der Solothurner Psychiatriegesellschaft öffentlich angegriffen und uns unterstellt, wir würden eine sexuelle Beziehung zwischen Therapeuten und Klienten propagieren, was eine schwerwiegende Verleumdung ist.

Weiterhin hat er in der Fernsehreportage «aktuell» vom 22.11.2018 (Tele M1) ausgesagt, dass die Behörden seiner Ansicht nach gegen uns vorgehen sollten. Hier wird uns öffentlich eine Straftat unterstellt, ohne dass es dafür irgendwelche Beweise geschweige denn eine Verurteilung gibt.

Obwohl wir mehrfach betont haben, dass es sich bei den strittigen Fragen um Missverständnisse handelt, die man in einem vernünftigen und sachlichen Gespräch klären könnte, wurde uns diese Möglichkeit verweigert.

Am 21.12.2018 ist nun eine aufsichtsrechtliche Anzeige beim Gesundheitsamt eingegangen gegen uns wegen Zuwiderhandlung gegen die ärztlich therapeutischen Richtlinien, Gefährdung der Patientensicherheit und ärztlicher Fehler sowie standesrechtswidrigen Verhaltens. Wir wurden über diese Anzeige nicht persönlich informiert, sondern erfuhren durch die Presse und involvierte Kollegen davon.

In diesem Zusammenhang erhielten alle SIWF anerkannten Institute für die Weiter- und Fortbildung SGPP am 7.1.2019 ein Schreiben von Frau Alexandra Horsch-Beyerle mit der «Bitte um Stellungnahme vor dem Hintergrund einer eingereichten aufsichtsrechtlichen Anzeige beim Kantonalen Gesundheitsamt», als Beilage die genannte Anzeige sowie eine Anfrage beim Kantonsrat (siehe Beilage). Die in diesem Schreiben formulierte Definition der «Echten Psychotherapie» ist frei erfunden und enthält ebenfalls massive Unterstellungen.

Unserer Ansicht nach handelt es sich bei den genannten Aktivitäten von Herrn Ackermann und Frau Horsch um Mobbing und Rufschädigung, einem Weiterverbreiten von Gerüchten sowie um eindeutige Verleumdung und somit um ein schwerwiegendes Fehlverhalten und einen klaren Verstoss gegen die Standesregeln.

Insbesondere von Herrn Ackermann als Präsident der Solothurner Psychiatriegesellschaft sollte man nicht nur ein tadelloses und kollegiales Verhalten erwarten, sondern auch ein Engagement, um Mobbing und Ausgrenzung unter Kollegen möglichst entgegenzuwirken, anstatt solches noch weiter zu schüren.

Art. 23 Kollegiales Verhalten, unzulässige Kritik:
- *Arzt und Ärztin pflegen unter sich kollegiale Beziehungen, welche von Ehrlichkeit und Höflichkeit getragen sind.*
- *Jede Handlungsweise, die einen Kollegen oder eine Kollegin in der persönlichen oder beruflichen Ehre ungerechtfertigterweise verletzt, ist zu unterlassen.*
- *Gegenüber Dritten bleiben Arzt und Ärztin in ihren Äusserungen über die Behandlungsweise eines Kollegen oder einer Kollegin sachlich und objektiv.*

(Auszug aus den Standesregeln der FMH)

Obwohl wir friedliebende Menschen sind und so lange wie möglich versucht haben, Streit zu vermeiden, sehen wir uns leider im Moment zu unserem eigenen Schutz gezwungen, Schritte zu unternehmen, um einem solchen, ausuferndem Mobbing entgegenzuwirken.

In Erwartung Ihrer Antwort verbleiben wir, der Vorstand:

Katherine Weidenbach, Sebastian Weidenbach, Manfred Dreier, Elke Sippel, Helena Gemmel, Danièle Nicolet Widmer, Marianne Principi

Gemäss Reglement der Standeskommission muss vor dem Standesverfahren erst noch ein Schlichtungsgespräch erfolgen, das am 3. April 2019 stattfand, aber zu keiner Vereinbarung über die strittigen Punkte führte. Der nächste Schritt wird eine Anhörung bei der Standeskommission sein.

Da wir mit der Wirklichkeit leben, gehen wir nicht davon aus, dass uns in absehbarer Zeit Verständnis und Wohlwollen von dieser Seite entgegenkommen wird, obgleich wir jederzeit offen sind für Gespräche und eine Beilegung des Konflikts. Doch wir werden uns weiterhin wehren gegen Verleumdungen und Mobbing, denn wir sind davon überzeugt, dass wir es unseren Patientinnen und Patienten schuldig sind, sie nicht im Stich zu lassen.

Die Wahrnehmung muss frei sein, sonst gibt es keine Heilung.

„Ich bin wohl immer wieder sehr naiv!"

Ein persönliches Statement von Kasia Weidenbach

Ich bin wohl immer wieder sehr naiv!
Obwohl ich ja eigentlich weiss, wie schwierig das Thema ist, war ich doch irgendwie überzeugt, dass mein Vortrag bei der GAeSO etwas klären könnte. Wenn ich mir wirklich Mühe gebe, alles klar und deutlich zu erklären, müssten es doch alle verstehen!
Der Angriff traf uns also unerwartet, aber nicht unvorbereitet. Schliesslich stehen wir seit Jahren in dieser Auseinandersetzung. Viele Gefühle wie das Ausgeschlossensein das Unverstandensein, das Nicht-geliebt-Werden sind inzwischen schon recht gut integriert. Und es ist schön zu spüren, dass ich inzwischen auch kaum mehr verunsichert werden kann. Ich weiss, was ich spüre und sehe, und stehe auch dazu.
Was vor allem schwierig war, war der enorme Druck und Stress, den die Anzeige und die Medienberichte verursacht haben, und natürlich macht es schon auch Angst. Man spürt diese Energie des Mobs, der dich vernichten will und auch kann, wenn er auf dich losgelassen wird. Zum Glück gibt es noch ein Rechtsempfinden, vor allem bei manchen wie unserem Kantonsapotheker, der immer wieder vernünftig und intelligent damit umgeht.
Schwierig war dann noch etwas anderes: Als ich nach der Anzeige und dem Zusammentreffen mit Thomas Ackermann und Frau Horsch auf einmal spürte, dass die beiden in mir drin sind. Dass ich sie unvermeidlich ganz

stark spüre. Da war eine grosse Verletzlichkeit und Zerstörbarkeit spürbar. Dass jemand einem einfach so etwas antun kann, dass er sich so in dich reinpflanzen kann mit seiner Bösartigkeit – und du kannst nichts dagegen tun!

Es war mir aber schnell klar, dass ich das zulassen, mich dem stellen muss. Dass ich dafür sorgen muss, dass ich diese Menschen lieben kann, sie in mir halten und annehmen, obwohl wir uns auf einer anderen Ebene, also öffentlich, absolut gegen sie wehren müssen, mit allen Mitteln, die wir haben. Man muss Grenzen setzen, sonst wird es wirklich heikel für uns. Man darf sich nicht alles gefallen lassen und man muss, wenn man im Leben dazu aufgerufen wird, auch öffentlich Stellung beziehen, das ist wichtig. Aber innerlich, das begriff ich, muss ich sie reinlassen.

Und dann verstehe ich etwas: Das, was sie tun, zeigt im Grunde, dass sie auf eine seltsame, gestörte Art bei uns dabei sein wollen, dazugehören wollen. Sie haben nicht den Mut, selbst frei zu leben, also müssen sie uns bekämpfen, um sich mit dem Lebendigen, das verboten ist und das wir verkörpern, verbunden zu fühlen.

Samuel schreibt in «Von der unerlösten Liebe zwischen Vater und Tochter»[28]:

Deine versteckte Paranoia und deine sadistischen Neigungen hattest du gut verpackt hinter der ehrbaren Fassade des besorgten Politikers. Niemand darf merken, nicht einmal du selbst, dass dies deine pervertierte Möglichkeit ist, die Lust am Verbotenen leben zu können. Ach, hättest du nur den Mut, sie

---

[28] Samuel Widmer, Von der unerlösten Liebe zwischen Vater und Tochter, 1995, Basic Editions

Wenn ich diese Menschen, die uns angreifen, spüre und mich frage, was sie bewegt, sehe ich dies: Wovor fürchtet sich der ehrbare Therapeut (oder Vater), wenn er das Inzesttabu verteidigt und jeden, der es hinterfragt, angreift und verurteilt? Fürchtet er um die Patientinnen oder Töchter? Will er Missbrauch verhindern? Wohl kaum! Er fürchtet sich vor sich selbst, vor seinen eigenen, missbräucherischen Tendenzen und Fantasien. Aber eigentlich, in der Tiefe, fürchtet er etwas anderes. Er fürchtet sich vor dem Moment, in dem er plötzlich einem anderen Menschen von Angesicht zu Angesicht gegenüber steht, ohne Regeln und ohne Maske, nicht wissend, was zu tun ist. Er fürchtet sich vor der Freiheit.

*„Keine Beziehungsangelegenheit kann durch Verbote, Gebote
und Tabus geregelt werden; jeder diesbezügliche Versuch wird
lediglich zur Beendigung des Bezogenseins führen. Es braucht –
und dies unter anderem auch um die Frage des Inzesttabus –
eine lebendige und wahrhaftige Auseinandersetzung von Du
zu Du.“*

Samuel Widmer

Kontroversen II ... mit einem Journalisten

Auf der digitalen Schweizer Nachrichtenplattform watson.ch wird Journalist und selbst ernannter «Sektenexperte» Hugo Stamm mit den Worten vorgestellt:

»Glaube, Gott oder Gesundbeter – nichts ist ihm heilig: Religions-Blogger und Sekten-Kenner Hugo Stamm befasst sich seit den Siebzigerjahren mit neureligiösen Bewegungen, Sekten, Esoterik, Okkultismus und Scharlatanerie. Er hält Vorträge, schreibt Bücher und berät Betroffene.
Mit seinem Blog bedient Hugo Stamm seit Jahren eine treue Leserschaft mit seinen kritischen Gedanken zu Religion und Seelenfängerei.»

Neue Lebenswelten und ihre Widersacher – Betrachtungen zum Sektenvorwurf

«Das Beste, was das Christentum hervorgebracht hat, sind seine Ketzer.» Ernst Bloch, Philosoph (1885-1977)

Was sind «Sekten»? Was unterscheidet sie von Religionen? Und was sind «Sektenexperten»? Und sind sie etwas anderes als ReligionswissenschaftlerInnen?

Im Unterschied zu Theologen und Theologinnen sind ReligionswissenschaftlerInnen Menschen, die – unabhängig von ihrem persönlichen Glauben – Religionen «wissenschaftlich» erforschen. Dazu braucht es Wissen und Anwendung einer gewissen Methodik und Repräsentativität zur Erforschung des Phänomens. Ausserdem braucht es eine klare Trennung zwischen Forschungsergebnis und der möglicherweise weltanschaulich-ethisch gefärbten Bewertung dieser Ergebnisse.

Der Religionswissenschaftler G. Willms schreibt in seinem Buch «Die wunderbare Welt der Sekten»[29] folgendes über den Stellenwert des Sektenbegriffs:

Mindestens seit der Etablierung des kirchenchristlichen «Kampfes» gegen die Häresien und Häretiker wird der Sektenbegriff fast ausschließlich negativ, d.h. in verunglimpfender Absicht verwendet. Deshalb hat sich auch niemals eine religiöse Gemeinschaft selbst als «Sekte» bezeichnet. In der aufgeklärten abendländischen Gegenwart hat sich daran nichts geändert. Im Gegenteil: Die Verwendung des Sektenbegriffs in seiner ausschließlich negativen Bedeutung ist in der Öffentlichkeit derart verbreitet, dass auch die zwischenzeitlich unternommenen Versuche, einen neutralen Sektenbegriff zumindest in den Wissenschaften zu etablieren, gescheitert sind. Und zwar so gründlich, dass man mittlerweile ganz auf ihn verzichtet. «Sekte» ist also offensichtlich immer ein Begriff, der von «außen» und zumeist in eindeutig feindlicher Absicht an eine religiöse bzw. weltanschauliche Gemeinschaft herangetragen wird.[30]

Dies ist doch eine klare Aussage. Wenn jemand den Begriff Sekte benutzt, dann hat dies folgende Implikationen:

1. Die Person ist einer Gruppierung meist feindlich ge-

---

[29] G. Willms, 2012, Vandenhoek & Ruprecht
[30] ebenda Seite 256

sinnt und will diese verunglimpfen.

2. Die Person benutzt ein überholtes Vokabular, das keinerlei wissenschaftliche Begründung hat.

3. Die Person befördert Sektenklischees, die anstelle der Realität des Zusammenlebens der jeweiligen religiös-spirituellen Gemeinschaft treten.

Es geht also um Erzeugung von Vorurteilen, Stigmatisierung und Diskriminierung. Willms dazu: *Sektenklischees, also die öffentlich verbreiteten und mehrheitlich geteilten Vorstellungen darüber, was Sekten sind und was alles so in Sekten passiert, sind exakt so alt wie die sogenannten Sekten selbst. Denn: Es sind schließlich die Klischees, die die Sekten zu Sekten machen.*[31]

Mit anderen Worten: Sekten sind keine Realität, sondern sie werden gemacht; sie sind ein Phantasma dessen, der davon spricht.

So sehen es seit jeher die «Normopathen», also jene, die wahnhaft dem Glauben daran verfallen sind, dass ihre je eigene Weltanschauung und/oder Religion die einzig normale und richtige ist. Genau darin ähneln sie – um nochmals den schon einleitend erwähnten Psychiater Manfred Lütz zu zitieren – den wirklich «Irren». Deswegen galt tatsächlich schon immer: Einer sogenannten Sekte anzugehören, ist höchst gefährlich. Aber nicht, weil man «in» dieser um Leib und Leben fürchten muss, sondern weil man als Sektenanhänger stets die Anwälte der «richtigen» Lebensweise, die Verteidiger der «echten Kirche» und die Hüter der «wahren Religion», die Wächter von «Anstand und Moral» zu fürchten hat. Und diese sitzen, so lehrt es die Geschichte, immer am längeren und damit poten-

---

[31] ebenda Seite 256

ziell gewaltsamen Hebel der Macht. Insofern haben die Ideologen der Normalität immer auch eine dunkle Seite, denn – und auch das wird mit Recht von Lütz angemerkt – sie «hassen» all jene, die sich den normopathischen «Wahrheiten» verweigern.[32]

«Sekte» ist wie Ketzer, Häretiker, Jude, Kommunist, ein ideologischer Kampfbegriff, mit dem Andersenkende – und vor allem, was schlimmer ist, anders Lebende – ausgegrenzt, verfolgt und diskriminiert werden. Er hat aber keinerlei Erklärungswert. Er hat den gleichen Stellenwert wie «Alles Böse kommt vom Teufel» oder «Hysterie ist eine Erkrankung der Gebärmutter».

Kurz: Sekten gibt es nicht.

Stattdessen nennt Willms überprüfbare Kriterien, mit denen religiös-spirituelle Gemeinschaften als politisch-gesellschaftlich gefährlich angesehen werden können. «Gefährlich» sind aus seiner Sicht folgende Kennzeichen:

- Ist die Gruppierung männerbündlerisch-patriarchal organisiert? Dann ist sie antiemanzipatorisch, frauenfeindlich und die Gefahr von missbraucherischer Beziehungsgestaltung liegt nahe.

- Ist die Gemeinschaft zölibatär? Da das Bedürfnis nach Sexualität zur menschlichen Natur gehört, ist jede Gemeinschaft, in der Sexualität durch ein zölibatäres Ideal tabuisiert wird, höchst anfällig für sexuellen Missbrauch (siehe die immense Häufigkeit von sexuellem Missbrauch in der katholischen Kirche).

- Ist die Gruppierung hierarchisch und hinsichtlich

---

[32] ebenda Seite 269

ihrer Entscheidungsstrukturen autoritär organisiert? Auch wenn Hierarchien sich nicht immer vermeiden lassen, sollten sie doch (am besten
basis-)demokratisch kontrolliert und transparent
sein.

- Gibt es ein dogmatisches Glaubenssystem, das nicht
  hinterfragt werden darf und keinem öffentlichen
  Diskurs zugänglich ist? Dann ist freie Meinungsäusserung nicht gewährleistet und Machtmissbrauch vorprogrammiert.
- Werden Mitglieder daran gehindert oder sogar bedroht, wenn sie die Gruppierung wieder verlassen
  wollen? Dann wird das Grundrecht auf Autonomie
  und freie Entscheidung über das eigene Leben beschnitten.

Die Liste liesse sich noch fortsetzen. Wer sehen will, sieht
schnell, dass sämtliche genannten Kriterien gerade auf
die grossen Religionen Christentum, Islam, Hinduismus,
Buddhismus (auch auf den tibetanischen Buddhismus
unter der Führung des Dalai Lama) zutreffen.

Auf die Kirschblütengemeinschaft trifft keines der Kriterien zu:

- Die Kirschblütengemeinschaft ist ihrem Selbstverständnis nach egalitär und genderneutral.
- Die Kirschblütengemeinschaft ist konsensdemokratisch organisiert, obwohl Verantwortungs- und
  Kompetenzbereiche praktischerweise nicht immer
  von allen (z.B. rotierend) betreut werden.
- Die Kirschblütengemeinschaft ist nicht zölibatär,
  obwohl man «zölibatär» leben kann. Es ist erklärter

Anspruch, dass jede sexuelle und Liebesbeziehung von den Beteiligten selbst verantwortet wird. Dies ist nur zwischen mündigen und reifen Menschen möglich. Die Schutzbedürftigkeit von Menschen, die nicht selbstverantwortlich leben und handeln können, wird ausdrücklich anerkannt und gewürdigt.

- Die Kirschblütengemeinschaft ist «antiautoritär» im Sinne A.S. Neils: (rationale) Autorität als Anerkennung von Liebesfähigkeit, Reife und Kompetenz wird begrüsst; autoritäres Verhalten soll unterbunden werden. Die Autorität von Samuel Widmer, Danièle Widmer Nicolet und anderer gründen auf dieser Form der rationalen Autorität (E. Fromm). Nicht rationale Formen von Autorität, die sich auch bei uns immer wieder zeigen, sollen hinterfragt und begrenzt werden.

- Die Kirschblütengemeinschaft kennt keinerlei dogmatisches Glaubenssystem. Jeder und jede sucht mehr oder weniger intensiv nach spirituellen Erfahrungen, die untereinander als Erfahrung geteilt und gewürdigt werden können. Ein echter philosophisch-spiritueller Lehrer lehrt (wie Sokrates) keine Systeme, sondern hinterfragt diese. Er oder sie hilft bei der kritischen Würdigung der Erfahrungen, um z.B. zwischen Imagination/Phantasma und echter mystischer Erfahrung unterscheiden zu lernen (Selbsterkenntnis).

- Die Idee der Kirschblüte (jap. Sakura) als Zeichen der Blüte und der Vergänglichkeit bedeutet, dass wir dem Anspruch nach allen Menschen unterschiedslos nach Herkunft, Stand und Ethnie offen gegenüber stehen. Die Frage ist: Findet jemand, der hierher kommt, hier Freundschaft, Liebe? Dann bleibt die Person. Findet die Person dies hier nicht, dann verabschiedet sie sich und lebt gemäss ihren eigenen Wünschen. Andere Menschen in ihrer Willensbildung zu manipulieren, zu kontrollieren oder sogar zu «indoktrinieren» widerspricht dem Geist der Kirschblüte. Dies trotzdem zu behaupten, dient dazu, das «Modell Kirschblüte» zu verunglimpfen und eine ernsthafte Auseinandersetzung mit unserem Lebensstil zu verhindern.

Sektenklischee: Gehirnwäsche

G. Willms beschreibt auch dezidiert, wie es zum Gebrauch des Begriffs «Gehirnwäsche» kommt:

In den 1970er Jahren entsteht in den USA das wirkungsmächtigste Sektenklischee der Gegenwart. Vor allem seit den 1990er Jahren und im Zusammenhang mit der Scientology-Debatte in Deutschland ist «Gehirnwäsche» zum absoluten Modewort geworden. Seither findet es in den Medien inflationäre Verwendung nicht nur in Bezug auf die sogenannten Sekten oder Scientology, sondern überhaupt auf alle vermeintlich «unerklärlichen» sozialen Zusammenhänge. Die schaurig-schöne Anziehungskraft des Begriffs und die damit verbundenen Stereotype sind augenscheinlich so unverzichtbar, dass es niemand für nötig hält, darauf hinzuweisen, dass die dahinterliegende Theorie von mehr oder weniger allen ernst zu nehmenden wissenschaftlichen Institutionen wegen mangelnder Beweiskraft ab-

gelehnt wird. Noch schärfer formuliert: Soweit diese «falsche» allgemeine Theorie über psychische Mechanismen auf den speziellen Bereich der Sekten Anwendung findet, erklärt und begründet sie Klischees, die selbst überwiegend «falsch» sind.[33]
Mit anderen Worten: «Gehirnwäsche» gibt es nicht. Es ist hier kein Platz, die These der «Gehirnwäsche» ausführlich zu widerlegen. Sie beruht schlicht auf einer falschen Vorstellung davon, wie das Gehirn arbeitet. Ein pragmatischer Hinweis mag genügen: Wenn es so einfach wäre, Menschen zu beeinflussen, warum werden dann immer noch Milliarden für Werbung, Propaganda, Bespitzelung und Psychotherapie ausgegeben, wenn soziale Kontrolle so einfach wäre? In keinem Lehrbuch der Psychologie (ausser in Büchern über «schwarze Magie» bei Harry Potter) werden Techniken der «Gehirnwäsche» beschrieben, weil es sie schlicht nicht gibt. Auch ein Phantasma.

Sektenmacher und Sektenexperten

Nun besteht aber die besondere Kunst der «Sektenmacher» und «Sektenexperten» darin, dass sie gerade die menschenrechtsfeindlichen oben genannten Kriterien, die sie zur Genüge aus den grossen Religionen kennen und dort auffälligerweise nicht kritisieren (!!!), wiederum auf alle kleinen, abweichenden Gemeinschaften anwenden, ob sie nun zutreffen oder nicht.
Der psychoanalytische Begriff «Projektion» meint, eigene Persönlichkeitsanteile, die man nicht sehen will, anderen zu unterstellen. Was beim «Normopathen» vielleicht unbewusst geschieht, tut der «Sektenexperte» jedoch in

---

[33] ebenda Seite 272

voller Absicht.

Was ist aber ein «Sektenexperte»? Man hat gesagt, wir leben heute in einer «Expertokratie», die Experten hätten also das Sagen. Ein Experte sollte aber doch mindestens ein Fachgebiet und weiter einen Gegenstand haben. Dies trifft aber auf «Sektenexperten» nie zu.

Da es Sekten (in Unterscheidung zu «Religionen») nicht gibt, sind sie «Experten» für nichts. Es gibt ja auch keinen Studiengang «Sektenwissenschaften». Dementsprechend sind sämtliche »Sektenportale», «Beobachtungsstellen» wie «Infosekta»[34] keine seriösen Anbieter von gut recherchierten Informationen, Berichten und Studien, sondern Ideologiezentren im Gefolge der Inquisition. Propagandisten und Fake-News-Erzeuger par excellence. Dies wird auch unumwunden zugegeben: So antwortet die Psychologin S. Schaaf von Infosekta in der NZZ vom 25.02.19 auf die Frage: «Was ist eigentlich eine Sekte?» *«„Sekte" ist ein heikler und umstrittener Begriff. Wir tragen ihn als Infosekta zwar im Namen, ich verwende ihn aber nicht gern. Er ist zu generalisierend und schubladisierend. Scientology quasi als «Prototyp» befindet sich nicht auf derselben Flughöhe wie eine Esoterikgruppe mit problematischen Aspekten.»*

Das ist eine windelweiche Rechtfertigung der eigenen Substanzlosigkeit.

Willms schreibt über die «Sektenjäger» folgendes: *Aus den führenden Köpfen dieser kompromisslos «gegen» Sekten arbeitenden Szene entstammt jene Handvoll professioneller «Sektenexperten», die medial omnipräsent sind und die hier deswegen stets in Anführungszeichen geschrieben sind, weil sie – mit*

---

[34] Selbsternannte schweizerische Fachstelle für Sektenfragen

Ausnahme einiger Theologen – zumeist über keinerlei fachlich relevante Qualifikation verfügen, die sie zur Auseinandersetzung mit religiösen Phänomenen befähigen würde. Das beste Beispiel dafür ist die stetig wachsende Schar von Journalisten unter den selbst ernannten «Sektenexperten». Und mit den Journalisten und den Medien ist man bei den bedeutsamsten Akteuren der Anti-Kult-Szene angelangt.[35]

Dann gibt es noch die sogenannten Opfer von Gewalt und Manipulation in religiös-spirituellen Gruppierungen. Unleugbar gibt es Menschen, die in Gruppen oder von Einzelnen missbraucht werden. Die Gruppierung, die in diesem Zusammenhang derzeit am meisten von sich reden macht, ist die katholische Kirche. Aber auch im Islam ist Missbrauch aufgrund der patriarchalen Strukturen gang und gäbe, wie TraumatherapeutInnen von ihrem Behandlungsalltag leidvoll berichten können. Protektiv wirken immer die oben genannten Kriterien.

Die Boulevardmedien benötigen aber «Storys», je «abgefahrener» desto besser. Sie sind die populistischen Produktionsstätten von Fake-News in den Händen der Medienunternehmer – mit antiaufklärerischer Absicht. Ihr Motto ist: vereinfachen, «entdifferenzieren», bedienen und erzeugen von Klischees, Brandmarkung von Andersdenkenden (aus der Sicht der konservativen Mehrheitsgesellschaft), dekontextualisieren, unterstellen, mobben. Willms beschreibt dies in Bezug auf die Berichterstattung über sogenannte «Sekten» so: *Gleiches gilt für die sogenannten Sekten, die erst dann interessant sind, wenn sie genügend Sensationspotenzial aufweisen können. Und das heisst vor*

---

[35]ebenda Seite 280

allem, dass sie vorzeigbare «Opfer» produzieren und im Sinne der Sektenklischees zu beschreiben sind. Insofern widerspiegelt jede in den Medien verbreitete Nachricht über Sekten niemals irgendeine Normalität oder einen religiösen Alltag, sondern immer nur Sektenklischees. ... «Opfer» im oben beschriebenen Sinne sind dann medial interessant, wenn sie tatsächlich etwas «Unglaubliches» zu erzählen haben – je «gruseliger» desto besser. Soweit sie dem Sensationsraster von zerstörten Seelen und Familien, von Mord und Selbstmord, von Betrug und Ausbeutung Rechnung tragen, ist die mediale Verwertbarkeit hoch. Die journalistische Recherche, sofern eine solche überhaupt stattfindet, beschränkt sich in den meisten Fällen darauf, die «Sektenexperten» der Anti-Kult-Szene zu konsultieren. Damit wird fraglos «der Bock zum Gärtner» gemacht, liegt es doch gerade in deren professionellem Interesse, die Sekten kompromisslos zu ächten. Deshalb wird dort gerne jegliche Horrorgeschichte nicht nur bestätigt, sondern gerne auch noch mit verschwörungstheoretischen Gewürzen aufgepeppt. Diese professionelle Ergänzung ist für beide Seiten sehr fruchtbar, aber logischerweise jeder Verbreitung von sachlichen Informationen entgegengesetzt.[36]

Und die Opfer?

Es gibt in allen religiösen Gruppierungen Menschen, die sie verlassen – problemlos, erwachsen, selbstverantwortlich. Dies fällt, da es auch um Freundschaften geht, immer auch schwer. Wieder Willms: *Wie fest der Glaube an die Sektenklischees und die «gehirngewaschenen» Anhänger in der Öffentlichkeit verankert ist, lässt sich gut daran erkennen,*

---

[36] ebenda Seite 280

*dass in der Öffentlichkeit nicht aktuelle, sondern ehemalige An-
hänger als Repräsentanten von «Sekten» wahrgenommen
werden. In dieser Sichtweise ist bereits vorausgesetzt, dass
Hunderttausende aktive Anhänger von religiösen Gemeinschaften weder wissen, was sie tun, noch was mit ihnen getan
wird – es sei denn, sie gehören einer der beiden großen Kirchen
an, was die Beweislast scheinbar automatisch umkehrt. Aus
unmittelbar einsichtigen Gründen können aber Nicht-An-
hänger nicht repräsentativ für Anhänger einer religiösen Gemeinschaft sein – so wie Geschiedene nicht repräsentativ für
Eheleute und Luthers Meinungen nicht repräsentativ für den
Katholizismus sind. Mehr noch: Die als Kronzeugen auftre-
tenden Aussteiger sind eigentlich nur jene, die willens und
bereit sind, sich öffentlich und mit aller Entschiedenheit gegen
ihre ehemalige Glaubensgemeinschaft zu stellen. Und in dieser
Rolle als Apostaten sind sie nicht einmal repräsentative Aussteiger, denn jedes Jahr verlassen Abertausende von Menschen
aus den vielfältigsten Gründen «ihre» religiöse Gemeinschaft.
Ein Prozentsatz ganz nahe 100 tut dies nebenwirkungsfrei und
völlig «geräuschlos», weil ihre tatsächlichen Erfahrungen
nichts mit den oben genannten Klischees zu tun haben. Diese
Menschen sind die eigentlich repräsentativen Aussteiger, sie
finden aber niemals mediale Beachtung, weil sich Medien nicht
für etwas Alltägliches interessieren.*[37]

Und weiter heisst es über die Kronzeugen, die Sektenexperten als „Sektenopfer" vorführen:

*Das muss nicht heißen, dass ein Ausstieg aus einer religiösen
Gemeinschaft für den Einzelnen immer eine leichte Sache ist,
im Gegenteil. Gerade für Menschen, die einer «dichten» religi-*

---

[37] ebenda Seite 276

ösen Gemeinschaft über einen längeren Zeitraum angehört haben, fällt die Aufkündigung von sozialen Beziehungen, das Verlassen von vertrauten Menschen und Orten, der Verlust von religiöser Heilsgewissheit, vielleicht die Trauer über verlorene Freunde, «verschwendete» Lebenszeit und viele andere Dinge oft schwer. Gleichwohl: Fast alle diese Aussteiger sind in der Lage, ihre Erfahrungen selbstkritisch zu interpretieren und ihre Entscheidungen vor sich selbst und auch vor anderen nachvollziehbar zu begründen.

Für eine sehr kleine Minderheit aller Aussteiger aus religiösen Gemeinschaften gilt das gerade Gesagte nicht. Nur diese wenigen und deswegen «untypischen» Aussteiger verorten sich selbst im Interpretationsschema der Sektenklischees als gehirngewaschene Opfer einer «bösen» Sekte und deklamieren die eigene Erfahrung rückblickend als schuldlos erlittenes Martyrium. Sie sind die wortwörtlichen «Kronzeugen», weil sie die vorherrschende Meinung bzw. die öffentliche Anklage unterstützen und nur ihre Geschichten sind für die Medien interessant. Nun gibt es keinen Grund, diese persönlichen Erfahrungen zu bestreiten oder gar als «Lügen» entlarven zu wollen. Jeder Mensch erlebt das, was ihm widerfährt, als real, und man tut immer schlecht daran, Erfahrungen von Menschen von «außen» in Abrede zu stellen. Gleichwohl sollte man die Kronzeugen und ihre Erfahrungen als das betrachten, was sie sind: Subjektive Erfahrungen und Interpretationen einer untypischen Minderheit, der eine große Mehrheit nicht nur aktiver Anhänger, sondern auch anderer Aussteiger gegenübersteht, die die vorherrschenden Klischees nicht bestätigt.[38]

Und weiter: Wirklich vergleichbar ist bei den Kronzeugen

---

[38] ebenda Seite 276

aber regelmäßig nur die Selbstwahrnehmung als (schuldloses) Opfer und der damit oftmals einhergehende Wunsch, auf die (schuldigen) «Täter» mindestens hinzuweisen bzw. die bösen Machenschaften der «Sekte» zu entlarven, sie öffentlich zu ächten oder sogar einer Bestrafung zuzuführen. Aber so wenig man frisch geschiedene Personen fragen sollte, was sie ganz allgemein von der Ehe halten, sollte man «Aussteiger» nach jener Gemeinschaft fragen, die sie im Streit verlassen haben oder von der sie, nicht selten sogar gegen ihren eigenen Willen, schlicht hinausgeworfen worden sind.[39]

Es gäbe sicher noch einiges über tatsächliche Fälle von Gewalt und Missbrauch in religiösen Gemeinschaften zu sagen. In der Kirschblütengemeinschaft haben wir darauf einen scharfen Blick und fragen immer wieder, ob sich nicht doch irgendwo Machtmissbrauch einschleicht. Gerade deshalb wollen wir keine Tabus akzeptieren, da alles ausgesprochen und angeschaut werden können muss. Es bleibt aber festzuhalten, dass die selbst ernannten «Opfer der Kirschblütengemeinschaft» zu genau der oben von Willms genannten Kategorie gehören. In wohl kaum einer Gemeinschaft wird so oft darauf hingewiesen, dass alles, was man tut, selbst zu verantworten ist, dass man es sich jederzeit anders überlegen kann, wenn man eine gemeinsame Aktion nicht mehr als stimmig erlebt. Dies zu bestreiten ist die eigentliche Frechheit der sich medial doch prima inszenierenden Personen, die noch dazu nie in unserer Gemeinschaft gelebt haben.

---

[39] ebenda Seite 277

Fazit

Hugo Stamm ist Boulevardjournalist. Nicht mehr und nicht weniger. Er besitzt keine Expertise über religiöse Gruppierungen, sondern ist Sammler von Gerüchten, die er höchstpersönlich zubereitet. Davon kann er auch im Ruhestand nicht lassen. Auch ist er in erster Line Moralist. Ein Moralist ist eine Person, die mit Werturteilen und bösem Blick von ihm abgelehnte Personen und deren Lebensentwurf belegt und als böse kennzeichnet (stigmatisiert). Sein Motiv ist einerseits die solcherart Stigmatisierten zurechtzuweisen, anzuprangern und zu diskriminieren. Andererseits geht es darum, sich selbst als moralisch «gut» emporzuheben. Der Moralist will einen ethisch-philosophischen Diskurs durch schnelle Werturteile verhindern. Daher ist ein Moralist immer ein Anti-Aufklärer, da er die Diskussion verhindern will, die wir führen wollen. Er will, dass niemand sich wirklich damit auseinandersetzt, was wir als Kirschblüte vertreten. Wir sollen mit einem «Kokon des Tabus» umgeben werden, dem selbst leidlich kritische Leute erliegen, die dann sagen: «Es wird doch schon irgendwas an den Gerüchten dran sein.» Schlimmer ist, dass seine destruktiven Äusserungen geschickt so platziert werden, dass andere sich schon zu Gewalt motiviert sehen, während der Moralist sich «die Hände in Unschuld» wäscht. Ein Moralist will auch nicht «verstehen»; er will nur so viel wissen, als es ihm möglich ist, noch geschickter seine diskriminierenden Werturteile zu platzieren.

Welch tragisches Schicksal, sich lebenslang nur mit Moral und ideologisch motivierter Abwertung anderer zu

beschäftigen und sich nie den wirklich wichtigen Fragen
in dieser Welt zu stellen.

Theobald Tiger

Drogentherapien und Inzesttabu: Die Blackbox der Kirschblütler nach dem Tod des Sex-Gurus

von Hugo Stamm

Die Ärzte und Psychiater der sektenhaften Kirschblütengemeinschaft organisieren einen Kongress mit dem Titel «Das Inzesttabu in der Psychotherapie».

Es geht um Drogentherapien, Tantra, Sektenphänomene. Und um das Inzesttabu. Die Rede ist nicht von einer freakigen Okkultgruppe im Untergrund, sondern von der Kirschblütengemeinschaft aus Lüsslingen SO, in der sich Ärzte, Psychiater und viele Akademiker engagieren.

Zu den Hunderten von Kirschblütlern gehören auch die «Internationale Ärztegesellschaft für Echte Psychotherapie und Alternative Psychiatrie Avanti» die «Therapeutisch-Tantrisch-Spirituelle Universität» und das «World Wide Magic Movement».

Gründer der grossen Gemeinschaft ist der im Januar 2017 verstorbene Psychiater Samuel Widmer. Er hatte ein Strafverfahren am Hals wegen mutmasslichen Verstosses gegen das Betäubungsmittelgesetz. Das gleiche Verfahren läuft gegen zwei seiner Frauen und einen seiner Söhne weiter.

Die Polizei führte vor vier Jahren zwei Razzien im Zentrum der Kirschblütler durch. Passiert ist nicht allzu viel, die Staatsanwaltschaft brütet in dem eigentlich einfachen Fall immer noch still vor sich hin. Bananenrepublik ist der erste Gedanken, der einem dabei in den Sinn kommt.

Es geht aber nur vordergründig um Erwerb, Besitz, Weitergabe oder Konsum von illegalen Substanzen. Diese dienten Widmer und seinen Therapeuten für die Drogentherapien (Psycholyse) mit Grossgruppen, wie verschiedene Aussteiger übereinstimmend berichten. Und wie ein ARD-Journalist mit versteckter Kamera festhielt.

«Obwohl in aller Regel eine sexuelle Beziehung zwischen Therapeut und Klient dem Klienten schadet und deshalb darauf verzichtet werden muss, darf man eine solche Möglichkeit nicht von vornherein ausschliessen.»

Eine Darstellung, die die Kirschblütler bestreiten. Sie würden legale Medikamente verwenden, behaupten sie. Dies wiederum bezeichnen Aussteiger als Ausrede. Sicher ist hingegen, dass Widmer die Drogentherapien in vielen Publikationen beschrieb. Und er bildete mehrere hundert Therapeuten aus, die teilweise nun selbst Psycholyse im Untergrund betreiben.

Die Kirschblüten-Ärztegesellschaft Avanti schreibt dazu, es stelle sich die Frage, «ob ein Betäubungsmittelgesetz, wie es heute besteht, nicht gar als verfassungswidrig abzuschaffen wäre».

Bei den Gruppensitzungen ging und geht es immer auch um Tantra, weshalb «Patienten» und «Patientinnen» auch mal nackt auf dem Boden liegen, nachdem sie LSD, MDMA, Mescalin usw. eingeworfen haben, wie Aussteiger berichten. Mit dem Nebeneffekt, dass benebelte Frauen gelegentlich unliebsamen Besuch erregter Männer erhielten. Den Orgasmus bekomme man von derjenigen Person ab, die zufällig auf einem lande, sagte eine Aussteigerin.

Für Widmer und seine Anhänger sind Drogen und Spiritualität der vermeintliche Schlüssel zur Seele oder der Türöffner ins Unbewusste und in eine magische Welt, mit denen sich angeblich traumatische Prägungen und andere psychische Leiden schneller und besser beheben lassen als mit konventionellen Therapien. Die Kirschblütler leben und propagieren denn auch die Polyamorie, wie sie Widmer mit seinen drei Frauen vorlebte.

Doch nicht genug: Widmer predigte auch die grenzenlose Liebe, die selbst vor dem Inzesttabu nicht Halt macht. Er gab denn auch einem seiner Bücher den Titel «Das Inzesttabu».

Das Thema Inzesttabu treibt die Kirschblütler auch nach dem Tod ihres verehrten Gurus weiter um. So führen die Ärzte und Psychiater von Avanti vom 21. bis 23. Juni den Kongress «Das Inzesttabu in der Psychotherapie» in Lüsslingen durch. Da schluckt man erst einmal leer.

Widmer und die Kirschblütler verstehen unter Inzest nicht nur den Geschlechtsverkehr unter blutsverwandten Personen, sondern auch sexuelle Beziehung zwischen Psychotherapeut und Klient. Sie wissen zwar, dass der eigentliche Inzest gesetzlich verboten ist und die Beziehung zwischen Therapeut und Patient ein Tabu, wie die Standesregeln festhalten. Trotzdem widmen die Avanti-Psychiater dem Thema einen ganzen Kongress.

In die Liebe hineinerlöst

In der Ausschreibung heisst es, dass «auch im therapeutischen Prozess der therapeutische Auftrag erst geglückt sein kann, wenn es gelungen ist, die therapeutische Beziehung aus ihrem Muster und aus allen Mustern überhaupt herauszuführen in ein lebendiges, einmaliges, authentisches und erwachsenes Bezogensein von Du zu Du, das niemanden etwas angeht als die beiden selbstverantwortlichen Betroffenen und in das niemand einen Keil wird treiben können, sofern es wirklich und wahrhaftig in die Liebe – das Ziel jeder Therapie – hineinerlöst wurde». Da schluckt man zweimal leer.

Die Kirschblütler orientieren sich also weiterhin ohne Wenn und Aber an ihrem spirituellen Meister Samuel Widmer. Die Avanti-Ärzte hatten das Thema sogar in ihrem kurzen Nachruf auf Widmer erwähnt. Darin heben sie Widmers Erkenntnisse zum sogenannten Inzesttabu hervor, dem sie eine überragende Bedeutung zumessen.

Wörtlich schreiben die Widmer-Jünger: «Eine unvoreingenommene, ernsthafte und seriöse Auseinandersetzung mit dieser für die weitere Entwicklung der Menschheit und des menschlichen Bewusstseins von zentraler Bedeutung darstellenden Thematik vor allem auch in fachlichen Kreisen ist unsere Aufgabe für die Zukunft.»

Tochter spielte mit dem Penis von Widmer

Widmer scheute sich nicht, im Buch «Das Inzesttabu» eine erotische Annäherung einer seiner namentlich genannten Töchter in der Badewanne zu beschreiben. Sie habe als kleines Mädchen täglich mit seinem Penis gespielt: «Wir geniessen beide das Spiel.»

«Ohne die Aufhebung des Inzesttabus gibt es kein Ende des Krieges, kein Ende des Leids, keine Liebe.»
Samuel Widmer, Kirschblütengemeinschaft

Hätte er sich zurückgezogen, hätte es für sie bedeutet, dass «ihre Freude und ihre Sehnsucht nach Verschmelzung» nicht willkommen seien», schrieb Widmer. Ein Signal, «das ihr das Herz brechen kann». Die Liebe zu seiner Tochter sei «ohnegleichen in ihrer Schönheit und Reinheit» und auch heute noch frei vom Inzesttabu. Überhaupt sei der Inzest «ein wunderschöner Prozess».

Widmer sah denn auch im Inzesttabu die Ursache für praktisch alle Traumata, ja, für Chaos und psychisches Elend auf der Welt. Wörtlich: «Ohne die Aufhebung des Inzesttabus gibt es kein Ende des Krieges, kein Ende des Leids, keine Liebe.»

Widmer schwebte eine Inzesttherapie vor, denn er glaubte, dass «jeder ein Inzestopfer ist. Und jeder ein Inzesttäter.» Seine Ausführungen gipfeln in der Aussage: «Die Erforschung der Inzestproblematik ist mein Vermächtnis an die Welt.» Diesem Vermächtnis fühlen sich nun die Avanti-Ärzte und Widmer-Jünger verpflichtet, wie der bevorstehende Kongress zeigt.

Widmer fühlte sich missverstanden

Widmer fühlte sich stets missverstanden. Er vertrat die Ansicht, dass die wahre Liebe durch niemanden und durch nichts eingeschränkt werden dürfe, auch nicht durch das Inzesttabu. Die psychischen Probleme der Menschen und das Elend der Menschheit habe ihre Ursache in der Normierung der Liebe.

«Obwohl in aller Regel eine sexuelle Beziehung zwischen Therapeut und Klient dem Klienten schadet und deshalb darauf verzichtet werden muss, darf man eine solche Möglichkeit nicht von vornherein ausschliessen, da sonst die Lebendigkeit der Beziehung verloren geht.»
Kasia Weidenbach, «Internationale Ärztegesellschaft für Echte Psychotherapie und Alternative Psychiatrie»

Standesorganisationen und die Solothurner Gesundheitsbehörden schauten dem Treiben von Widmer und den Kirschblüten-Ärzten jahrzehntelang tatenlos zu. Seit Kurzem regt sich aber Widerstand. Thomas Ackermann, Präsident der Gesellschaft für Psychiatrie und Psychotherapie des Kantons Solothurn (GPPSo) und die Psychiaterin Alexandra Horsch deponierten vor gut drei Monaten im Namen der GPPSo eine aufsichtsrechtliche Anzeige beim Solothurner Gesundheitsamt.

Auslöser war unter anderem ein Vortrag von Kasia Weidenbach, einer engen Vertrauten Widmers, vor der Solothurner Ärztegesellschaft. Sie trat als Vertreterin von Avanti auf und sagte wörtlich: «Obwohl in aller Regel eine sexuelle Beziehung zwischen Therapeut und Klient dem Klienten schadet und deshalb darauf verzichtet werden muss, darf man eine solche Möglichkeit nicht von vornherein ausschliessen, da sonst die Lebendigkeit der Beziehung verloren geht.»

Behörden sollen Patienten endlich schützen

Horsch und Ackermann verlangen nun von den Behörden, endlich zu handeln und die Patienten zu schützen. Das zuständige Departement des Innern sieht jedoch keine ausreichenden Pflichtverletzungen der Avanti-Ärzte. Es fehlten Beweise oder konkrete Hinweise. Diese wollen Horsch und Ackermann nun nachreichen.

Nur: Wie sollen psychisch belastete Klienten gegen ihre übermächtigen Psychiater aussagen? Und dies bei einer allfälligen Konfrontationsbefragung? Zumal man davon ausgehen kann, dass schliesslich Aussage gegen Aussage steht.

Die Avanti-Psychiater sprechen von Verleumdung und verwahren sich gegen die Beschuldigungen von Horsch und Ackermann. Sie würden die geltenden Gesetze und Standesregeln einhalten und die Meinung vertreten, dass «sexuelle Kontakte zwischen Therapeut und Klient im Rahmen der asymmetrischen (Abhängigkeit des Patienten) Therapiebeziehung nicht stattfinden dürfen, da diese dem Patienten oder der Patientin schaden».

Vom Wert der Drogentherapien überzeugt

Sie würden sich aber weiterhin dafür einsetzen, dass «Psycholyse (substanzgestützte Psychotherapie) als psychotherapeutisches Hilfsmittel in Zukunft wieder eine breitere Anwendung finden darf, weil wir vom Wert und der Wirksamkeit dieses Verfahrens überzeugt sind».

Fazit: Die sektenhaften Aspekte der Kirschblütengemeinschaft mit ihren Unterorganisationen und Merkmale sind offensichtlich: Vom Guru zur Heilsgemeinschaft bis zur spirituellen Heilsvorstellung und der Abschottung in einer Parallelwelt.

Frage an die Solothurner Behörden: Reichen all diese Zitate von Samuel Widmer und seiner Anhänger sowie die Aussagen der Aussteiger und unabhängigen Psychiater nicht, um endlich eigene Untersuchungen anzustellen?

Dialoge und Kommentare

Peter Füss

Guten Tag Herr Stamm

Ich lebe seit etwa achtzehn Jahren in Nennigkofen zusammen mit meinen Freunden, welche die Gemeinschaft der Kirschblüten bilden, und habe gelesen, was Sie auf watson.ch geschrieben haben.
Normalerweise denke ich mir: Lass die Leute doch denken, was sie wollen. Man kann sie ja ohnehin nicht davon abhalten. Wenn man versucht, etwas richtigzustellen, empfinden sie das dann noch als Bestätigung für ihre Meinungen nach dem Motto: Der wehrt sich, also muss was dran sein.
Ich mag mich eigentlich nicht rechtfertigen für Dinge, die

sich andere einfach ausdenken. In diesem jüngsten Fall aber, wenn ich die Kommentare unter Ihrem Artikel lese, sehe ich auch, wie gefährlich ihr inquisitorisches Auftreten gegen uns in der Öffentlichkeit ist und welche perversen Fantasien Sie da in den Köpfen der Menschen anregen, die nichts mit der Wirklichkeit zu tun haben.

Sie waren ja auch schon bei uns, haben vielleicht ein wenig die Stimmung aufgenommen, da wissen Sie doch ganz genau, dass niemand hier bei uns auch nur ansatzweise Kinder sexuell missbraucht. Oder täusche ich mich und Sie glauben wirklich das, was Sie da schreiben, selbst? Wenn ja, dann sollten Sie dringend mal Selbsterkenntnis betreiben und schauen, warum Sie es nötig haben, ihre perversen Fantasien auf eine Gruppe von Menschen zu projizieren, die Sie als die Bösen auserkoren haben.

Wenn ich mich so sehr wie Sie dazu berufen sähe, das Böse aus der Welt zu schaffen, würde ich immer bei mir selbst anfangen, um zu verstehen, wo das Böse entsteht. Oder glauben Sie wirklich, dass bei uns irgendjemandem Drogen verabreicht werden, um ihn oder sie für Sex gefügig zu machen? Die sogenannte Aussteigerin, die dies behauptet, war übrigens niemals in der Kirschblütengemeinschaft. Das Internet ist voll von solchen perversen Pornofantasien. Ich weiss nicht, wie Sie auf so einen Unsinn kommen, aber mit uns hat das nichts zu tun.

Wieso wird eigentlich das Wort Liebe immer so missverstanden? Wieso denken immer alle, wenn man das Wort Liebe in den Mund nimmt, an Sex? Da muss wohl etwas ganz schön verdreht sein in vielen Köpfen.

Ich möchte auch noch etwas zu dem Thema Inzesttabu sagen, das Sie ja zusammen mit dem Wort Sex-Guru im Titel platzieren. Wissen Sie eigentlich, dass es sich dabei um einen Fachbegriff handelt, der gar nicht von Samuel Widmer stammt, sondern von Sigmund Freud, und der eigentlich nur in Fachbüchern oder wissenschaftlichen Abhandlungen verwendet werden sollte, weil er wahrscheinlich noch mehr als das Wort Liebe missverständlich ist? Man sieht es ja an Ihnen: Wieso müssen Sie bei so einem wunderbaren Satz, den Kasia Weidenbach zitiert hat, zweimal schlucken?

Was haben Sie eigentlich gegen uns, dass Sie solche bösartigen, rufmörderischen Verleumdungen in der Öffentlichkeit verbreiten müssen? In Ihrem Fall würde ich mich fragen, ob es nicht an der Zeit wäre, sich mal etwas anderem zuzuwenden, zum Beispiel dem Thema Sterben (übrigens noch so ein grosses Tabu). Suchen Sie nicht auch schon ihr ganzes Leben nach diesem grossen Frieden und der Einheit, die der Tod mit sich bringt? Die meisten scheinen sehr viel Angst davor zu haben und je mehr sie im Alter auf das Unabwendbare zusteuern, desto mehr wehren sie sich dagegen, weil es immer schwieriger wird, es zu verdrängen. Dabei verpassen sie vielleicht das Beste, was ihnen das Leben bieten könnte.

In diesem Sinne wünsche ich Ihnen das Beste.

Peter Füss

Sehr geehrter Herr Füss

Ihre Anschuldigungen sind derart falsch und verleumderisch, dass ich davon absehe, auf Ihre Argumente einzugehen. Nur soviel: Nirgends in meinem Artikel steht, Kirschblüten-Anhänger würden Kinder missbrauchen. Entweder Sie können nicht lesen oder Sie projizieren in Ihrem Hass auf mich Dinge in mich, die nichts mit mir zu tun haben.

Freundliche Grüsse

Hugo Stamm

Peters Rückantwort

Guten Abend Herr Stamm

Erst mal danke für Ihre Antwort. Zunächst möchte ich gerne ausdrücken – und das meine ich ganz ehrlich: ich hasse Sie nicht. Es kam in meinem Leben schon vor, dass ich jemand gehasst habe, aber heute kenne ich dieses Gefühl so gut wie nicht mehr.

Aber nun noch zum Sachlichen: Sie sagen in Ihrer Antwort, dass Sie nirgendwo im Artikel schreiben, dass Kirschblüten-Anhänger Kinder missbrauchen. Das stimmt schon. Sie schreiben es nicht direkt, aber mit der Art, wie Sie die Zitate an den Pranger stellen, immer gefolgt von einer Bemerkung so in der Art: «Schaut nur, was das für Machenschaften sind!», sagen Sie das halt indirekt. Und die Kommentare zeigen es ja. Und Sie fragen ja am Schluss noch die Solothurner Behörden, warum Sie nicht endlich Untersuchungen anstellen. Was sollen Sie denn untersuchen? Viele Kommentatoren sind sich da ja gleich einig: Man soll untersuchen, ob wir Kinder missbrauchen und uns dann möglichst bald einsperren und kastrieren.

Wenn ich einen Artikel geschrieben hätte, auf den die Leute so reagieren, hätte ich mir gesagt: «Oh, da muss was schiefgelaufen sein. Die haben mich ja völlig falsch verstanden.» Und dann hätte ich versucht, es richtig zu stellen. Aber Sie bekräftigen diese Fantasien, zum Beispiel als Sie Pasionaria in ihrem Kommentar fragt, warum die KESB[40] bei diesem perversen, irren Tun nicht eingreife, mit folgender Antwort:

Die KEBS greift erst ein, wenn sie Kenntnis von einer Gefährdung des Kindswohls hat. Meistens geht es über eine Gefährdungsmeldung. Eine solche könnten wohl nur Kirschblütler machen, was sie aber nicht tun werden. Gefordert wären Staatsanwaltschaft und Gesundheitsbehörden. Doch diese trödeln oder warten darauf, dass man ihnen Beweise vorlegt. Sie haben offensichtlich wenig Lust, sich mit den Kirschblütlern anzulegen, weil sie vermutlich lange Verfahren inklusive Prozesse befürchten.

Sie sprechen in der Antwort von Gefährdung des Kindswohls und dass Staatsanwalt und Gesundheitsbehörden gefordert wären. Das Kindswohl ist doch gefährdet ent-

---

[40] Kinder- und Erwachsenenschutzbehörde

weder bei Gewalt (was hier, glaube ich, nicht Thema ist) oder bei sexuellem Missbrauch. Oder an was hatten Sie da gedacht?

Schöne Grüsse durch die Nacht

Peter Füss

Marianne Principi

Guten Morgen Herr Hugo Stamm

Ihren neuesten Artikel auf watson.ch finde ich äusserst bedenklich!
Ich bin erschüttert über so viel Unwahrheit und eine solch schlechte Recherche. Erschüttert bin ich auch darüber, dass Sie es offenbar sogar nach Ihrer Pensionierung noch nötig haben, andere Menschen schlecht zu machen und falsche Bilder zu verbreiten. Wie dunkel es wohl in einer Seele aussehen muss, dass einem nur noch dies als Lebensinhalt bleibt. Haben Sie tatsächlich so viel Angst davor, alt und unwichtig zu sein?
Sie wissen ganz genau, dass kein einziges Kind in der Kirschblütengemeinschaft je sexuell missbraucht worden ist, und auch, dass es in keiner Therapie zu einem sexuellen Übergriff kam. Wir sind rechtschaffene und integre

Menschen, die Grenzen nicht überschreiten, sondern respektvoll achten. Doch wir setzen uns dafür ein, dass man alles wahrnehmen und über alles sprechen darf. Das ist wirkliche Psychotherapie. Das ist echte Beziehung. Wenn jemand dieses Simple nicht versteht, kann er einem nur leidtun.

Ich kann gar nicht alles aufzählen, aber ihre Berichterstattung suggeriert dem Leser eine absolut falsche Sichtweise und beinhaltet massive Fehlinterpretationen, was mich eigentlich erstaunt, da ich von einem etablieren Journalisten mehr Intelligenz und Integrität erwartet hätte. Zum Beispiel die ganze Thematik rund um das Inzesttabu scheinen Sie weder intellektuell noch gefühlsmässig erfasst zu haben. Es gibt massenweise Fehler in Ihrer Wortwahl und in der Art, wie Sie die Thematik darstellen.

Der Begriff «Inzesttabu» stammt übrigens von Sigmund Freud und wurde von Samuel Widmer lediglich neu aufgenommen. Das Inzesttabu ist das Tabu, Anziehung überhaupt wahrnehmen zu dürfen. Es geht dabei keinesfalls um den vollzogenen Inzest. Leider wird dieser Begriff oft als «Verbot sexueller Beziehungen zwischen Blutsverwandten» fehlinterpretiert; zutreffender dafür ist aber der Begriff «Inzestverbot».

Aber eigentlich ist es einerlei, wie man die Begriffe braucht, diese dienen ja nur der Verständigung. Wichtig ist vielmehr, dass Sie aufhören, uns absichtlich misszuverstehen. In der tiefenpsychologisch orientierten Psychotherapie wird angestrebt, alles Unbewusste, alle verdrängten Inhalte ans Tageslicht zu holen und in einen

Heilprozess zu führen. Die Auflösung von allen Tabus, das Wahrnehmen und Verstehen von allem ist der beste Schutz vor Übergriffen und verhindert unbewusste, missbräucherische Handlungen.

Falls Sie daran interessiert sind, sich wieder mal weiterzubilden anstatt in Ihren Artikeln das Immerselbe zu wiederholen: Schauen Sie doch mal möglichst unvoreingenommen auf die Website der Ärztegesellschaft Avanti www.aerztegesellschaft-avanti.org. Wir haben uns die Mühe gemacht, einige Thematiken so zu überarbeiten, dass es diesmal vielleicht sogar für Sie verständlich ist.

Ich verstehe wirklich nicht, was Ihre Motivation ist, ständig und weiterhin Unwahrheiten zu verbreiten. Liegt es wirklich an Ihrer mangelnden Intelligenz, eine tiefgründige, fachorientierte Thematik erfassen zu können? Oder geht es um Rache an einem Mann, der leider seit mehr als zwei Jahren tot ist? Oder sind Sie ganz einfach ein bösartiger Mensch, der alles schlecht machen muss?

Dass wir uns seit ein paar Jahren nicht mehr gewehrt haben, wenn wir und unsere Arbeit öffentlich in den Dreck gezogen wurden, heisst nicht, dass wir es gutheissen. Vielmehr langweilte es uns zunehmend und wir bündelten unsere Kraft lieber für etwas, was Sinn macht und von Liebe erfüllt ist. Aber vielleicht ist es wieder mal Zeit auszudrücken, dass das, was Sie und Leute ihrer Sorte machen, voll daneben und krankhaft ist und zudem viel Schaden anrichtet.

Haben Sie sich schon mal eingefühlt in Samuel Widmers Kinder, die nach dem schmerzhaften Verlust ihres Vaters jetzt immer noch zusehen müssen, wie ihr Vater und die ganze Kirschblütengemeinschaft von Ihnen in den Dreck gezogen werden?

Die Kinder der Gemeinschaft wachsen in unserem Umfeld zu gesunden und leidenschaftlichen Jugendlichen heran. Das Einzige, worunter sie immer wieder unendlich leiden, sind diese tendenziösen Berichterstattungen von Journalisten wie Ihnen. Haben Sie darüber schon mal nachgedacht?

Eigentlich, in der Tiefe, macht das Ganze vor allem weh und es ist sehr traurig ...

Marianne Principi

P. S: Die Untersuchungen im Strafverfahren, für die Sie ja mitverantwortlich sind, sind übrigens abgeschlossen und die Staatsanwaltschaft beabsichtigt eine Einstellung. Werden Sie auch diesen erfolgreichen Abschluss und den Beweis, dass wir zu Unrecht an den Pranger gestellt wurden, in den Medien an die grosse Glocke hängen? Haben Sie die Grösse zuzugeben, dass Sie einen Fehler begangen haben und mitverantwortlich sind, dass Menschen Unrecht geschehen ist?

Guten Abend Frau Principi

Noch selten ist mir so viel Hass in einem Brief entgegengeschlagen. Wie können Sie diesen mit Ihrem Anspruch auf Wahrheit, wahrer Liebe und spiritueller Entwicklung vereinbaren?

Wieso sollte ich aufhören zu schreiben? Samuel Widmer würde sicher auch über das Pensionsalter hinaus weiterarbeiten. Ich kann Ihnen versichern, dass ich immer noch geistig und körperlich topfit bin. Wir leben in einer Demokratie und ich kann selbst bestimmen, wie lange ich arbeiten will.

Sie verurteilen mich pauschal, ohne aufzuzeigen, welche Aussagen in meinem Text nicht zutreffen sollen. Ich führe ja unzählige Originalzitate an. Sagen Sie nun nicht, sie seien aus dem Zusammenhang gerissen. Ich habe sie sorgfältig ausgewählt und ganze Abschnitte eingefügt.

Haben Sie sich auch schon überlegt, weshalb alle seriösen Medien bis hin zur NZZ konsequent kritisch über Ihre Gemeinschaft berichten? Und nun auch noch die Solothurner Psychiatrische Gesellschaft. Doch wer die Wahrheit für sich beansprucht, stellt bekanntlich keine solchen Gedanken an. Ein Muster, das ich von vielen Sekten bestens kenne.

Ich hoffe, dass es Ihnen nach Ihrem Rundumschlag besser geht.

Freundliche Grüsse

Hugo Stamm

Rahel Nicolet

Werter Herr Stamm

Gerade bin ich – neben einem sonst üppigen Frühling –
mit all meiner Kapazität in ein Filmprojekt involviert, das
mir sehr am Herzen liegt. Das Schöne an diesem Projekt
ist, selber etwas kreieren zu können und Themen in den
Ausdruck zu verhelfen, die mir ein Anliegen sind, mich
erfüllen und glücklich machen. Das ist auch der Grund,
weshalb ich nach meinen Ausflügen in den beruflichen
Journalismus nun in diesem Bereich, dem Filmschaffen,
gelandet bin: Im Journalismus musste ich mich stets dem
zuwenden, was andere erschaffen in ihrem Leben, über
deren Projekte berichten, über deren Glück und Leid
oder deren (vermeintliche) Fehltritte. Mein Zutun darin
waren höchstens gekonnt aneinandergereihte Worte.
Darin kann gewiss auch ein Reiz liegen – und ich bediene

140

mich weiterhin gerne des Schreibens als Mittel des Ausdrucks – aber eben, mir fehlte das Eigene in dieser Art des Schreibens. Mit meinen eigenen Projekten bin ich glücklicher.

Ob es Ihnen nicht auch so geht bei Ihrer journalistischen Tätigkeit, frage ich mich bisweilen beim Lesen Ihrer Artikel. Immer müssen Sie über andere schreiben. Und immer – das liegt wohl in der Natur einer Position als sogenannter Sektenexperte – etwas finden, an dem Sie etwas aussetzen können. Aber dies nur so als Nebengedanke, da es mir, wenn ich mein Herz zu Ihnen hin öffne, durch den Sinn geht.

Dass ich mir nun die Zeit für einen Brief an Sie abzwacke von meinen sonstigen Verpflichtungen und Leidenschaften, rührt woanders her. Sie nötigen mich fast dazu, erwähnen Sie mich doch persönlich in Ihrem jüngsten Artikel auf watson.ch. Und zwar auf eine Art, in der ich mich ganz und gar nicht gesehen, verstanden oder gar (vor den schrecklichen Machenschaften, denen ich, laut Ihrer Zeilen und denen Ihrer unreflektierten Leser, als Kind ausgesetzt gewesen sei) beschützt fühle – wie Ihre Wortwahl zu suggerieren scheint. Tatsächlich ist es umgekehrt: Wenn ich an meine Kindheit zurückdenke, lag der einzige Druck, das einzig Bedrohliche, Erschütternde und Unangenehme darin, immer wieder durch Journalisten wie Sie, die maximal ein paar Stunden ihrer Zeit unserem Leben und den komplexen psychologischen Fachthemen, mit denen sich meine Eltern und andere aus unserem Kreis beschäftigten und beschäftigen, zu widmen bereit sind, und, um die zu verstehen es aber eines ehrlichen, ausführlichen Prozesses der Selbsterkenntnis und eines offenen Gehirns bedarf, auf die unschönste Weise durch die Medien gezogen zu werden, verleumdet und an den Pranger gestellt. Ob Sie und all die Leserkommentar-Schreiber, die uns Kirschblütenkinder bemitleiden, sich einmal überlegt haben, wie sich das anfühlt für ein Kind?

Natürlich muss jedes Kind erwachen für die Welt, für alle Kräfte, die darin wirken, auch die bösen und zerstörerischen, und das ist ja auch notwendig und gut so. Aber das geschähe auch ohne eine mediale Hetzjagd wie die gegen uns, zu der Sie massgeblich beigetragen haben, früh und ausgeprägt genug.

Für mich gehören auf jeden Fall solche Artikel wie Ihr aktueller zu den dunkleren Kindheitserinnerungen und nicht etwa, wie Sie das Bild zeichnen, meine frühen Erfahrungen im familiären Zusammensein. Meine Beziehungen zu meinem Vater, meiner Mutter, meinen Geschwistern und allen anderen, die ich zu meiner Familie zähle, waren nah, innig und herzlich, ja. Und sie sind es noch immer. Das ist doch ein Glück! Das grösste, das einem Kind in seinen ersten Lebensjahren beschert sein kann. Aber dass Innigkeit, Nähe, Sich-Lieben und Es-schön-haben-Zusammen für mich etwas anderes bedeuten als das, was sich in Ihrem und vieler Köpfe abspielt, das habe ich mittlerweile realisiert.

Erinnern Sie sich an das Gespräch, das Sie mit meinem Vater und meiner Mutter führten vor einigen Jahren und zu dem ich für einen kurzen Austausch dazugekommen bin? Damals haben wir bereits über die genau gleichen

Themen gesprochen, die Sie offenbar in Bezug auf uns noch immer umtreiben. Das erschüttert mich, dass offenbar so wenig Verständnis Ihrerseits entstanden ist, dass Sie nun unsere Aussagen wieder so verdrehen können, dass am Ende das Gegenteil von dem, was wir eigentlich leben und sagen, vermittelt wird. Das ist traumatisierend und erschütternd für ein Kind – dass aus dem unschuldigen, herzlichen Leben, das es kennt, etwas Unmoralisches, Ungesundes, Missbräuchliches gemacht wird.

Wahrscheinlich nützt es ja nicht viel, Ihnen dies zu schreiben, Sie werden meine Worte vermutlich so zu drehen verstehen, dass Sie darin wiederum eine Bestätigung finden für mein Missbraucht- und Irregeleitetsein. Zum Glück lernt man, damit umzugehen mit der Zeit.

Auf jeden Fall bleibt mir nur zu sagen, dass ich glücklich bin über die Familie, in die es mich verschlagen hat, die Kindheit, die ich hatte, und das Leben, das ich heute führe. Ich bin dankbar über die Nähe und Innigkeit, die darin liegen. Und ich werde mich bemühen, meinen eigenen Kindern ein ebenso gutes Zuhause zu sein, wie ich es selbst als Kind erfahren habe.

Ihnen das Beste.

Rahel Nicolet

Liebe Rahel Nicolet

Vielen Dank für Ihren Brief. Im Gegensatz zu den meist hasserfüllten Schreiben von Mitgliedern Ihrer Gemeinschaft sind Ihre Zeilen erfreulich sachlich.

Es freut mich, dass Sie im Filmschaffen Ihre Bestimmung gefunden haben. Aber es braucht halt auch Journalisten ... Und nicht alle Menschen sind mit der Kreativität gesegnet, die es für das künstlerische Schaffen braucht. Ich gehöre nicht zu diesen. Ist es ein Geheimnis, was für ein Filmprojekt Sie verfolgen? Ich wünsche Ihnen auf jeden Fall viel Erfolg dabei.

Ich kann Sie verstehen, dass Sie das Zitat ärgert. Es ging mir dabei nicht um Sie, sondern um Ihren Vater. Ich fügte es an, um die permanente Sexualisierung aufzuzeigen, die die Publikationen Ihres Vaters enthalten. (Sie spielt ja auch bei der Inzestfrage eine zentrale Bedeutung.) Dass Sie als Kleinkind mit seinem Penis gespielt haben, ist ganz normal. Wie aber Ihr Vater das Spiel im Buch beschreibt und ihm schon fast den Status einer heiligen Handlung beimisst, ist sehr auffällig und nicht nachvollziehbar.

Das meiste in den Büchern dreht sich um Tantra und Psycholyse. Oder profan ausgedrückt: um Sex und Drogen. Und dabei kam es meines Erachtens immer wieder zu Missbräuchen. Um diese geht es mir bei meinen Artikeln. (Ein schwerer Missbrauch ist für mich die Psycholyse in Grossgruppen ohne individuelle Nachbetreuung.)

Ausserdem stelle ich deutliche sektenhafte Vorgänge und Strukturen fest. Dass Sie als Tochter der Führungspersonen diese

nicht oder kaum zu spüren bekamen, liegt auf der Hand. Und ich
zweifle auch nicht daran, dass Sie eine glückliche Kindheit und
Jugend hatten.

Es tut mir leid, dass ich Sie verletzt habe. Ich tat es im Interesse
der Aufklärung. Dass diese Aussage in Ihren Ohren seltsam klin-
gen mag, kann ich verstehen. Aber ich greife auf eine vierzigjäh-
rige Erfahrung zurück.

Ich wünsche Ihnen alles Gute und grüsse Sie herzlich.

Hugo Stamm

Rahels Rückantwort

Werter Herr Stamm

Besten Dank für Ihr Antwortschreiben. Ich freue mich
insbesondere darüber, dass Sie sich darin berührbarer
zeigen, als ich es erwartet hatte.

Den Grund für mein Missfallen an Ihrem Artikel haben
Sie indes falsch verstanden: Ich ärgere mich nicht über
ein Zitat, das Sie aufführen. Über die Unvollständigkeit
Ihrer Zitierweise und die zum Teil total falschen und irre-
leitenden Zusammenhänge, in die Sie diese stellen, hingegen schon. Um nur ein Beispiel zu nennen: Sie schreiben in Ihrem Artikel vom 22. April 2019 auf watson.ch,
dass Samuel Widmer angeblich geäussert habe, dass der
Inzest «ein wunderschöner Prozess» sei.

Wenn ich aber schaue, was Samuel Widmer tatsächlich

schreibt, finde ich auf Seite 205 des Buches «Inzesttabu» die folgende Passage: *Dein Vater erkannte eines Tages die Frau in dir, sah, dass du im Begriff warst, die Unschuld des kleinen Mädchens zu verlieren und dafür zu erwachen, dass du eine Frau bist und er ein Mann ist. Dein Vater konnte mit dieser Tatsache nicht umgehen. Er hatte es nie gelernt. Er traute es sich auch nicht zu, es zu lernen. Aber er war ein ehrbarer Mann, deshalb verstiess er dich. Besser keine Beziehung, als Gefahr laufen, sich nicht beherrschen zu können, einen Übergriff zu begehen. Das war das Ende der Liebe zwischen dir und deinem Vater, sofern sie nicht ohnehin schon früher zerbrochen war, der Beginn einer Beziehung, die keine ist, die von Bildern lebt. Zwei Bilder, die miteinander kommunizieren über Gedanken. Das Bild des Vaters und das Bild der Tochter, welche um jeden Preis aufrechterhalten werden müssen. Mit der Konsequenz von Konflikt und Leid. Das Ende von wahrhaftiger Beziehung. Das Ende der Liebe. All das nenne ich den ehrbaren Inzest. Was nicht stattgefunden hat, was sich dein Vater nicht zutraute, was sich niemand zutraut, ist ein lebendiger Abklärungsprozess zwischen zwei Wesen, wie sie es in diesen Dingen um die Sinnlichkeit, um die Sexualität, um die Körperlichkeit miteinander halten wollen. Ein wunderschöner Prozess, wenn er stattfinden darf, wenn da jemand ist, der ihn sich zutraut, der bereit ist, gemeinsam zu lernen, vielleicht sogar Fehler zu begehen und auch daran wieder zu wachsen. Beziehung eben. Das, was stattgefunden hat: das Beenden von wirklichem Bezogensein, das Ersetzen von wahrhaftiger, echter Beziehung durch sichere Beziehungsschubladen, in denen jeder von uns isoliert ist und deren Verbindung untereinander in der Essenz Enttäuschung, Konflikt und Feindschaft ist.*

Hier steht also etwas grundlegend anderes als das, was Sie daraus gemacht haben. Und vor allem: Die «Badewannenszene», die Sie zitieren, wird auf Seite 69 des Buches «Inzesttabu» erläutert, die oben aufgeführte Passage hingegen ein halbes Buch später eben auf Seite 205. Und Sie verwursten beide Stellen zu einer Aussage!

Solche Formulierungen Ihrerseits bewirken in mir das Gefühl, dass Sie entweder bewusst und bösartig versuchen, über Samuel Widmer, seine Familie, die Ärztegesellschaft Avanti und die Kirschblütengemeinschaft ein schlechtes Bild zu verbreiten, oder die Themen rund um die Inzestproblematik und das Inzesttabu nicht verstanden haben und daher aus Unwissenheit und Ignoranz derartige Abstrusitäten verbreiten. Wollen Sie mir sagen, welche der beiden Versionen zutrifft? Oder ist es gar eine Kombination von beidem?

Ich zumindest muss mich tatsächlich mit verschiedenen Aspekten Ihres Schreibens befassen, die für die eine oder die andere Möglichkeit sprechen: In der Auseinandersetzung mit Ihrer aktuellen und erneuten Art, über uns zu schreiben – und für mich immer besonders spannend – damit mit Ihrer Person, die dahinter verborgen ist, ist mir Ihr Artikel «Der undurchschaubare Sexguru»[41], den Sie im Jahr 2004 für den Tagesanzeiger verfasst haben, in die Hände gefallen. Ich schicke Ihnen diesen beigelegt mit. Kaum wiederzuerkennen ist Ihr heutiges Schreiben im Vergleich dazu, oder? Ihnen scheint es bei uns ja richtig gefallen zu haben damals. Aber was ist denn in der Zwischenzeit passiert, dass Sie ihre interessiert fragende Hal-

---

[41] Diesen Artikel finden Sie im Anschluss an diesen Brief.

tung und die Bereitschaft zu einer ehrlichen, differenzierten und (in alle Richtungen) kritischen Auseinandersetzung mit uns und unseren Themen verloren haben? Das war schön!

Gegen eine sachliche, faire und differenzierte Auseinandersetzung über Themen wie Psycholyse, Therapieverständnis, Tantra, Gemeinschaft usw. hatte und hätte sicher niemand von Avanti oder der Praxis Hof zur Kirschblüte etwas einzuwenden. Haben Sie das nicht auch so erlebt bei Ihren wenigen Besuchen hier bei uns? Das ist ja gerade eines unserer wichtigsten Anliegen: Selbsterkenntnis. Uns selbst und alles andere verstehen, differenziert betrachten und hinterfragen, in einem ehrlichen Prozess in die Tiefe aller Dinge schauen. Und das in einem wohlwollenden, aber auch ernsthaft konfrontierenden Prozess zusammen zu tun, wäre das Schönste. Wie kommt es, dass Sie es aufgegeben haben, in direktem Diskurs mit uns Ihre Fragen zu unserem Lebensstil und unseren Fachthesen zu erörtern? Stattdessen begnügen Sie sich heute damit, die Meinung Dritter zu uns zu hören, und nehmen diese als alleinige Wahrheit? Das finde ich bedenklich. Gerade auch im Bereich psychotherapeutischer Arbeit, um die es in Ihrer Auseinandersetzung mit uns ja immer wieder geht. Es muss Ihnen doch auch bewusst sein, dass es in einer psychotherapeutischen Praxis psychisch kranke Menschen hat, die nur ihre eigene Sicht auf die Welt erzählen können und nicht den Blick fürs Ganze weiten können. Wieso geben Sie diesen so viel Macht über sich? Nur weil eine davon aus einer Schaupielerfamilie kommt und Kontakte zu

Medienhäusern hat, weil sie den Sensationshunger unserer Zeit treffen? Das ist doch schade, dass Sie deren Geschichten mehr Gewicht geben als Ihrem eigenen Eindruck von uns.

Oder ist es eben tatsächlich so, dass Sie uns einfach nicht verstehen? In Ihrer Mail an mich finde ich zumindest diverse falsche Behauptungen, die dies nahelegen: Zum Beispiel geht es in den Schriften Samuel Widmers nicht um Sexualisierungen. Auch die kindlichen Erkundungen und den väterlichen Umgang damit, die er beschreibt, werden nicht geheiligt. Im Gegenteil: Ihm ging es immer darum zu zeigen, dass zum Beispiel solche Begegnungen zwischen Vater und Tochter – wie Sie es auch bestätigen – natürlich sind. Und vor allem betonte er stets, dass es wichtig ist, Themen wie die in einer solchen Situation enthaltenen zu enttabuisieren, die Auseinandersetzung damit normal werden zu lassen (und nicht heilig). Man muss darüber reden dürfen, zum Beispiel in der Elternschaft besprechen dürfen, was eine solche Situation in einem bewirkt, sich zusammen darüber beratschlagen, was der angemessene Umgang ist. (Haben Sie nach der «Badewannenpassage» mal weitergelesen? Da gibt Samuel Widmer Einblick in genau solche inneren Auseinandersetzungen, die er führte.) Es geht darum, sich dahin zu befreien, in solchen Situationen wahrnehmend zu bleiben, eben in diesem fragenden Forschergeist zu sein, in dem man sich nicht auf notdürftige Verhaltensregeln verlässt, sondern in jedem Moment neu herausfindet, was der angemessene Umgang damit ist. Meinen Sie nicht auch, das wäre der gesündere Umgang, der, den das Kind besser schützt? Und wieso sollte Samuel Widmer über seine Auseinandersetzungen mit solch wesentlichen Themen, die ihm in der Kindererziehung begegneten, nicht in einem Buch schreiben dürfen? Andere Väter und Mütter werden schliesslich dieselben Themen auch beschäftigen. Da ist es doch gut, sich gegenseitig an seinen Prozessen teilhaben zu lassen.

Und ja, dass Samuel Widmer sich und wir uns viel mit Tantra und Psycholyse auseinandersetzen, beobachten Sie richtig. Auch Sexualität ist tatsächlich ein wichtiges Thema. Und darin, dass ein Grossteil unserer menschlichen Konflikte im Umgang mit dieser Kraft begründet liegen, stimmen Sie sicher mit uns überein? Natürlich setzen wir uns als Menschen, die an Psychotherapie und an Gesundung interessiert sind, also mit der Sexualität auseinander!

Dass Tantra gleich Sex ist, ist allerdings ein weiteres Missverständnis, dem Sie aufliegen. Tantra ist viel breiter. Es geht darin um eine Lebenshaltung. Darum, das Leben mit Bewusstheit anzureichern, sich über die einende Kraft, die uns alle ausmacht, bewusst zu werden. Tantra hat zum Beispiel viel mit den Erkenntnissen der Quantenphysik gemein. Und es geht bei Tantra mindestens genauso sehr um den Verzicht wie um die Erfüllung, zum Beispiel auf der sexuellen Ebene. Aber auch hier: Das ist halt ein Thema, das einer gründlichen Auseinandersetzung bedarf, um es auch nur annähernd zu verstehen.

Dann äussern Sie sich in Ihrer Mail an mich zu Themen der psychotherapeutischen Praxis: Darin, dass das Fehlen eines Nachbetreuungsangebots bei psychologischen und gegebenenfalls psycholytischen Seminaren unprofessionell wäre, stimme ich mit Ihnen überein. Allerdings weiss ich nicht, wieso Sie davon ausgehen, ein solches Angebot habe bei Samuel Widmer nicht bestanden. So zumindest verstehe ich Ihren Kommentar hierzu. Alle Psychiater, Psychotherapeuten und spirituellen Begleiter, mit denen ich zu tun habe innerhalb und ausserhalb des Kirschblütenfeldes, lagen und legen Wert auf ein solches Angebot, bieten ein solches an und stellen sich selbstverständlich entsprechend zur Verfügung. Mit dem Setting psychotherapeutischer oder auch psycholytischer Gruppen sprechen Sie des Weiteren ein Thema an, das in der psychologischen Fachwelt tatsächlich unterschiedlich betrachtet wird: Manche bevorzugen das Einzelsetting, andere sehen das Gewinnbringende eines Gruppensettings. Aber vor allem geht es doch darum, das eine oder das andere einzusetzen, je nachdem, was den Prozess des Klienten gerade besser unterstützt. Auch hier scheint mir Ihr Blick auf uns recht limitiert: Was lässt Sie davon ausgehen, dass Therapeuten aus unserem Feld nur das Grossgruppenformat anwenden? Wahrscheinlich haben Sie bei diesen Überlegungen nur den spirituellen Seminarbetrieb im Blick. Auch für diesen stimmt Ihre Annahme nicht. In diesem werden aber tatsächlich gerne Gruppensettings gewählt. Manche Verletzungen und Traumata, zumal auch im Zusammensein mit Menschen entstanden, können nur in Gruppen konfrontiert werden und heilen. Zudem besuchen insbesondere Menschen die spirituellen Seminare, deren Anliegen es ist, sich mit Themen des Zusammenlebens, von Gemeinschaft zu beschäftigen. Im Einzelsetting wäre dies wenig fruchtbar.

Sie vergessen jedoch offenbar, dass – zum Beispiel im Hof zur Kirschblüte – die psychotherapeutische Praxis mit dem spirituellen Seminarbetrieb nicht gleichzusetzen ist. Wie gesagt, gibt es auch in der Praxistätigkeit natürlich Einzel-, Paar- oder anderweitig notwendige therapeutische Formate.

Ach, und auf Ihre letzten Kommentare, zum Beispiel bezüglich der sektenhaften Züge, mag ich eigentlich gar nicht mehr recht eingehen. Es erstaunt mich einfach, dass Sie einst (in Ihrem Artikel aus dem Jahr 2004 zum Beispiel) schrieben, solche Züge nicht zu finden bei uns, und nun – obwohl Sie in der Zwischenzeit kaum mehr hier waren und vor allem nie wirklich in unser Zusammenleben eingetaucht sind – solche zu finden meinen. Sei es halt so. (Ich weiss ja nicht, womit Sie vierzig Jahre Erfahrung haben, mit uns auf jeden Fall nicht.)

Nur ein Wort noch zu meiner Position in der Gemeinschaft, die Ihrer Meinung nach verunmöglicht, dass ich unsere «Vorgänge und Strukturen» miterlebe und erkennen kann. Ich bin mittlerweile längst kein Kind mehr, wie Sie wissen, und daher durchaus fähig, unser Zusammenleben kritisch zu betrachten, unsere Gepflogenheiten zu reflektieren, zu hinterfragen und vor allem auch selber mitzugestalten. Ich vertraue hierbei in meine Fähigkeit zum ehrlichen Schauen und ich vertraue auch auf meine Freunde, die, welche hier in der Gemeinschaft leben, und die, welche nicht hier leben, und darauf, dass Sie es ehrlich äussern würden, wenn Sie ungesunde Strukturen in meinem und unserem Leben entdecken würden. Und tatsächlich beschäftige ich mich viel mit solchen Fragen, betrachte meine eigenen und die Muster des Zusammenlebens eingehend. Mein Mann ist für mich zum Beispiel sehr wertvoll darin, er hat einen kritischen Geist und konfrontiert mich immer wieder mit diesen wichtigen Fragen.

Auf jeden Fall ruft mich nun wieder mein Filmprojekt. Heute sichten wir die erste Rohfassung, um uns noch einmal kritisch auseinanderzusetzen mit allem Gesagten und Gezeigten. Eben damit wir am Ende nichts Unreflektiertes und Unverstandenes auf die Welt loslassen.

Es ist ein Film über das Inzesttabu. Wie gesagt, ein wahnsinnig breites, wahnsinnig interessantes Thema. Und vor allem eines, das uns Menschen alle sehr prägt. Für Sie noch einmal in Kürze zusammengefasst: Das Inzesttabu ist das Tabu, wahrzunehmen. Wirklichkeit wahrzunehmen. Häufig Beziehungswirklichkeit. Dieses Tabu soll notdürftig regeln, was wir uns ohne den Schutz des Tabus nicht zutrauen: Ein stimmiger Umgang mit allen Begegnungs- und Beziehungssituationen, die uns in einem lebendigen Leben begegnen. Und bei der Beschäftigung mit dem Tabu geht es darum, sich über diesen Umstand bewusst zu werden, eben zu lernen, wieder wahrzunehmen. Von irgendeiner Handlung ist dabei gar nicht die Rede, wie Sie das offenbar auch missverstanden haben.

Der Film wird am kommenden Avanti-Kongress uraufgeführt. Am 21. Juni abends. Sie sind herzlich dazu eingeladen. Wir würden es als Ausdruck von Grösse, Mut und Ernsthaftigkeit ansehen, wenn Sie zum Kongress kommen würden. Es wäre eine gute Gelegenheit, um noch einmal in aller Breite Einblick zu kriegen in unser eigentliches Verständnis der Inzestproblematik und des Inzesttabus.

Mit freundlichen Grüssen

Rahel Nicolet

Anhang: Artikel von Hugo Stamm, am 23. Juli 2004 erschienen im Tages-Anzeiger, entnommen aus dem Buch «Heute wurde uns eine Tochter geboren», Samuel Widmer zusammen mit Danièle Nicolet, Tagebuch, 2005, Basic Editions, Seite 184:

Titelseite: Guru: Immer mehr Menschen ziehen in die Nähe eines Mannes, der mit zwei Frauen lebt.

Dritte Seite: Unter dem grossformatigen Bild steht: „Ich finde es nicht falsch, wenn jemand ein Anziehungspunkt ist für andere Menschen.": Psychiater Samuel Widmer mit seiner Ehefrau.

Der undurchschaubare Sexguru

Der Psychiater Samuel Widmer bringt im Solothurnischen die Gemüter in Aufruhr. Die Leute sehen in ihm einen Guru, seine Gemeinschaft gilt als Sekte.

Der Mann passt in kein Schema und sprengt alle Normen. Tabus bricht er am laufenden Band. In Lüsslingen SO und Nennigkofen gilt er als Guru, viele Dorfbewohner betrachten seine Gemeinschaft als Sekte. Ein Dorn im Auge ist ihnen auch die Tatsache, dass er wie selbstverständlich mit zwei Frauen lebt. Mit seiner Ehefrau Danièle Nicolet hat er fünf Kinder gezeugt, mit seiner zweiten Partnerin drei. Ausserdem experimentiert er mit Drogen und macht sich für den „ehrbaren Inzest" stark, indem er die häufige Entfremdung von Vater und Tochter thematisiert. Doch Samuel Widmer macht es seinen Kritikern nicht leicht: Er ist kein marktschreierischer Missionar und geistig beschränkter Scharlatan, sondern ein Psychiater. Und ein eher introvertierter, fast scheuer Mann. Das ist alles irgendwie verrückt. So verrückt, dass man dem Phänomen Samuel Widmer, der sich als spiritueller Lehrer bezeichnet, mit Klischees wie Guru und Sekte nicht gerecht wird. Auch wenn kritische Fragen durchaus angebracht sind.

Anfänglich waren die Dorfbewohner der beiden behäbigen solothurnischen Orte Lüsslingen und Nennigkofen erfreut, als der Psychiater Samuel Widmer vor sieben Jahren das schöne, 250 Jahre alte Bauernhaus an der Dorfstrasse 26 in Lüsslingen kaufte und gründlich restaurierte. Damit rettete er das ehrwürdige Haus vor dem Zerfall. Als er im grossen Meditationsraum die ersten Tantra-Seminare durchführte und die Teilnehmer aus Österreich und Deutschland anreisten, rieben sich die Dorfbewohner die Augen. Mit dem Dorffrieden endgültig vorbei war es, als sich immer mehr «Widmer-Leute» in der Umgebung niederliessen. Der Guru gründe eine Sekte, hiess es alsbald. Lüsslingen ein Sektendorf, sein Wohnort Nennigkofen ein Kultort! Widmer und seine beiden Partnerinnen bewohnen zwei benachbarte Einfamilienhäuser in Nennigkofen. Wenn er im Morgenrock das Domizil wechselt, schiessen die Gerüchte und Fantasien der Leute ins Kraut. Auch das Blut der Berufskollegen gerät in Wallung. Schlimm finden sie vor allem, dass die Ehefrau eine ehemalige Patientin ist. Widmer sitzt dem Reporter gelassen gegenüber und versteht die ganze Aufregung nicht. «Die Therapie war erfolgreich abgeschlossen, als wir uns lieben lernten», erklärt Widmer. Und seine Frau, die inzwischen ebenfalls therapeutisch tätig ist und die Workshops mitgestaltet, bestätigt es mit einem energischen Nicken.

Rätselhafte Gemeinschaft

Die namenlose Gemeinschaft ist auf über 100 Personen angewachsen, etwa 40 von ihnen sind Kinder. Also doch eine Sekte? Die Schüler ziehen zu ihrem verehrten Guru! In aller Regel ein klassisches Merkmal. Auch diesen Vorwurf kontert Widmer gelassen. «Zuerst zogen die Leute wegen der Therapien, Seminare und Workshops in unsere Umgebung, später kamen sie vermehrt wegen der Gemeinschaft», erklärt Widmer. Und seine Frau ergänzt: «Viele suchen alternative Formen des Zusammenlebens, wir können uns in der Kinderbetreuung abwechseln und uns unterstützen.» Widmer wehrt sich gegen den Sektenvorwurf: «Wir haben keine Gruppenstrukturen, an den Seminaren nehmen oft nur Einzelne aus der Gemeinschaft teil, manche sehe ich monatelang nicht.» Doch sucht nicht die Nähe des spirituellen Lehrers, wer Job und Wohnort auf diesen ausrichtet? «Ich finde es nicht falsch, wenn jemand ein Anziehungspunkt ist für andere Menschen» gibt Widmer zu bedenken.
Wie ein selbstgefälliger Guru wirkt Widmer tatsächlich nicht. Da ist kein forsches Auftreten, kein missionarischer Eifer. Seine Ideen formuliert er vorsichtig: «Ich bin ein zurückgezogener

Mensch und habe wenig mit der Gemeinschaft zu tun», sagt er. Diesen Eindruck macht er auch am Mittagstisch mit seiner Kinderschar und den beiden Partnerinnen. Still sitzt er in einer Ecke und streichelt die älteste Tochter, die sich an seine Schulter lehnt. Das Wort führen vor allem die beiden Frauen. Auch die Kinder machen nicht den Eindruck, als würden sie in einer „Sektenfamilie" aufwachsen. Sie sind spontan, temperamentvoll und zeigen ein sehr soziales Verhalten.

Und trotzdem: Weshalb um Himmels willen bildete sich um diesen Mann eine Gemeinschaft? Wieso lässt er es zu, dass seine Anhänger in seine Umgebung ziehen? Widmers Vorstellung von Freundschaft und Gemeinschaft ist radikal, im spirituellen Sinn «universal»: Freundschaften sind für ihn die Essenz des Lebens, echte, ja «wahre» Freundschaften. «Freundschaft scheint verboten zu sein, Angst zu machen, suspekt zu wirken», schreibt er in seinem Buch «Des Kaisers Nacktheit – des Kaisers Dummheit», in dem er den Konflikt mit Berufskollegen, Behörden und Dorfbewohnern aufgearbeitet hat. «Schnell einmal, wenn sich ein paar Menschen aus Liebe zueinander zusammentun, ist der Sektenvorwurf zur Hand.» Trotzdem: Vieles um Widmer und seine Gemeinschaft ist aussergewöhnlich. Deshalb empfinden die meisten Dorfbewohner die Anhänger von Widmer als Exoten, als Fremdkörper.

Was lehrt Widmer in den jährlich rund zwanzig Seminaren und Workshops, die er zur Hälfte in Lüsslingen, zur andern Hälfte in Deutschland, Österreich, Italien und Indien abhält? Eine Ideologie vertritt er nicht. Auch nicht eine esoterische Heilslehre. Es geht ihm um den Weg der Selbsterkenntnis. Er ist ein Wahrheitssucher, der alle Konventionen und Verhaltensmuster hinterfragt. «Ich wäre gern unauffällig und angepasst. Doch bei der Wahrheitssuche kann ich keine Kompromisse machen. Bei uns ist schon das Benennen von gewissen Wahrheiten eine Provokation.»

Spiritualität ist ihm wichtig. Dabei gleitet er oft in den Kitsch ab. In einer Seminarausschreibung wird er mit dem holprigen Satz angekündigt: «Er wird bestimmt vom Mysterium des Seins berichten, von der Makellosigkeit des Kriegers, der unerschrocken und allein auf seinem Weg mit Herz dessen Unermesslichkeit durchschreitet.» Meditation und Tantra sind zwei Lieblingsdisziplinen Widmers. Also doch ein Esoteriker? «Für viele Esoteriker sind meine Workshops zu komplex und anspruchsvoll», erwidert er. Sein Denken geprägt haben Krishnamurti, Stanislav Grof, Wilhelm Reich und Carlos Castaneda.

Spirituelle Psychotherapie

Wie lassen sich die Seminare mit der Psychotherapie vereinbaren? «Psychotherapie, wenn sie nicht limitiert bleibt, führt immer zu spirituellem Wachstum und damit zu einer spirituellen Bewegung.»

Sexualität scheint bei Widmer viel mit Spiritualität zu tun zu haben. So gehört auch die Beziehung mit zwei Frauen zu seinem Lebenskonzept. Das bekannte Muster? Der Mann gibt den Takt an und lebt seine Bedürfnisse auf dem Buckel der Frauen aus. Doch wieder greift das Klischee bei Widmer zu kurz. «Ich hatte bis vor kurzem auch eine zweite Beziehung. Leider ist mein Freund vor einem Jahr gestorben», wirft Widmers Frau ein.

Mit seinem Begriff des «ehrbaren Inzests» provozierte er Widerspruch und Anfeindungen. Doch auch hier glaubt er, falsch verstanden zu werden. «Ich propagiere den Inzest nicht», erklärt er bestimmt, «doch Gott hat uns diesbezüglich keine Grenzen ge-

setzt.» Konkret: Die wahre Liebe macht bei der Familienbande
nicht Halt, ist er überzeugt. Zu oft habe er in der Therapie erlebt,
dass es zu traumatischen Entfremdungen zwischen Vater und
Tochter oder Mutter und Sohn kam, nur weil es die gesellschaftlichen Normen so verlangen. «Wenn zwei Menschen füreinander
bestimmt sind, sollen sie sich lieben können. Ohne Einschrän-
kungen. Vater und Tochter genauso wie Bruder und Schwester.
Wenn sie dafür die Verantwortung übernehmen.» Peter Gehrig,
Psychiater und klinischer Sexologe in Zürich, hat Widmers Buch
gelesen und warnt im «Beobachter»: «Es ist das alte Lied von
der Liebe des Mächtigen, Wissenden, Führers und Erlösers, die
eigensüchtiges Handeln verklärt und letztlich zu jeder Untat be-
rechtigt.»

Hugo Stamms Rückantwort

Guten Tag Frau Nicolet

Vielen Dank für Ihren langen Brief.
Ich weiss nicht mehr, wo ich das Zitat mit dem «wunderbaren
Prozess» gefunden habe. Ich habe viele Zitate aus den vielen
Publikationen herausgepickt, aber nicht immer die Quelle auf-
geschrieben. Als ich schon im Blog und nun auch von Ihnen
darauf hingewiesen wurde, dass das Zitat nicht im Zusammenhang mit der Badewannenszene steht, stöberte ich im Buch
«Inzesttabu» und fand auf Seite 205 den «wunderbaren Prozess». Ich überflog die Passage, in der es ja auch um das Inzesttabu geht. Ich interpretierte es auf die Schnelle falsch. Deshalb

habe ich nun das Zitat im Artikel gelöscht[42]. Ich bin mir aber ziemlich sicher, dass ich in einem anderen Text von Ihrem Vater das Zitat gelesen habe. Denn ich kann mir nicht vorstellen, dass ich falsche Zitate verwende. Sonst wäre ich nicht lang Journalist gewesen. (Ich spare mir die Mühe, noch einmal alle Schrifterzeugnisse durchzukämmen, zumal ich schon viele entsorgt habe.)

Dass das Zitat dem Sinn nach recht gut zutrifft, zeigt sich auf Seite 45. Dort steht: *Zwischen Vater und Tochter, Mutter und Sohn, (...) gibt es im gesunden Normalfall eine lustvolle, körperlich-sinnliche Beziehung, ein freudiges, erotisches Geschehen, ein allmähliches Entdecken und Entfalten der Sexualität. Und da ist nichts Schlechtes dran; im Gegenteil, das ist eine wunderbare Sache, eine wunderbare Grundlage für die späteren intimen Begegnungen des Kindes.*

Sie fragen sich, wie es kommen konnte, dass ich nach dem ersten, vergleichsweise wohlwollenden Artikel eine «Kehrtwende» vollzogen habe. Die Antwort ist einfach: Damals hatte ich noch keine Bücher Ihres Vaters gelesen und nur eine rudimentäre Sicht von aussen gehabt. Danach hatte ich mich intensiv mit Ihrer Gemeinschaft befasst und realisiert, dass Ihr Vater unzählige Psycholysetherapeuten ausgebildet hat, die ihrerseits «Therapien» in Grossgruppen durchführten. Und dies stets mit verbotenen Substanzen. (Robber in Berlin mit zwei Toten und mehreren Traumatisierten, Handeloh, Meckel in Zürich usw.). Ausserdem fand ich mehrere Aussteiger, die mir aus erster Hand unschöne Dinge erzählten. Dann der ARD-Bericht, die Razzien. Deshalb hat sich mein Bild radikal gewandelt. Zudem entdeckte

---

[42] Der Artikel in diesem Buch entspricht der ursprünglichen Fassung inkl. besagtem Zitat.

ich laufend neue Sektenmerkmale.

Wenn nun Kirschblütler behaupten, meine Hauptzeugen seien keine Aussteiger, weil sie nicht in der Gemeinschaft leben würden, ist dies unredlich. Wer mehr als zwanzig Jahre an Veranstaltungen und Ausbildungen bis zur Meisterklasse absolviert hat, wer nach Indien mitgereist ist, wer alle Kirschblütler gut kannte, wer sich mit allem voll identifiziert hat, verfügt wohl über absolute Insiderkenntnisse.

Ausserdem bin ich überzeugt, dass bei den Psycholyse-«Therapien» stets und bis heute illegale Substanzen verwendet wurden und werden, denn ohne diese fällt ein wichtiger Teil der Heilslehre weg. Ihre Gemeinschaft wäre quasi amputiert. Ich hoffe, ich irre mich.

Freundliche Grüsse

Hugo Stamm

Rahels Rückantwort

Werter Herr Stamm

Besten Dank für Ihre Zeilen. Offenbar sind unsere jeweiligen Blicke auf die Welt nicht überbrückbar oder gegenseitig übersetzbar. Es ist jedoch schön, dass Sie sich auf eine Auseinandersetzung eingelassen haben und wir zumindest den Versuch wieder einmal unternommen haben. Ihnen weiterhin das Beste.

Rahel Nicolet

Manfred Dreier

Sehr geehrte watson-Redaktion

Ich wende mich an Sie betreffend den Online-Artikel «Drogentherapien und Inzesttabu: Die Blackbox der Kirschblütler nach dem Tod des Sex-Gurus», erschienen am 22.4.2019.

Verschiedene Menschen haben schon in den Kommentaren oder in Briefen an Hugo Stamm ausgedrückt, dass er in diesem Artikel mutwillig die Kirschblütengemeinschaft schlecht macht mit aus dem Zusammenhang gerissenen und zum Teil falschen Zitaten. Hier ein Beispiel, das in den Kommentaren erschien:

Dreier 23.04.2019 21:01: *Guten Abend Herr Stamm. Ein Beispiel für Ihr Aus-dem-Zusammenhang-Reissen eines Zitats: «Überhaupt sei der Inzest „ein wunderschöner Prozess“». Das Einzige, was zitiert wird, ist «ein wunderschöner Prozess». Dass es dabei um Inzest gehen soll, ist von Ihnen frei erfunden und davor gesetzt.*

Hugo Stamm 23.04.2019 22:14: *Guten Abend Herr Dreier. Das ist eine Unterstellung. Der Begriff «wunderschöner Prozess» von Samuel Widmer bezieht sich sehr wohl auf die Inzestfrage. Sie finden die Stelle im Buch «Inzesttabu» auf Seite 205.*

Liest man in genanntem Buch auf Seite 205, entdeckt man Folgendes:

Was nicht stattgefunden hat, was sich dein Vater nicht zutraute, was sich niemand zutraut, ist ein lebendiger Abklärungsprozess zwischen zwei Wesen, wie sie es in diesen Dingen um Sinnlichkeit, um die Sexualität, um die Körperlichkeit miteinander halten wollen. Ein wunderschöner Prozess, wenn er stattfinden darf, wenn da jemand ist, der ihn sich zutraut, der bereit ist, gemeinsam zu lernen, vielleicht sogar Fehler zu begehen und auch daran wieder zu wachsen.

Der «wunderschöne Prozess» ist also der Abklärungsprozess. Diesen schlägt Widmer als Lösung vor, um weder das Kind zu missbrauchen noch es zurückzuweisen durch Gefühlskälte oder Kontaktverweigerung, was ebenfalls eine traumatische Erfahrung für das Kind oder den/die Jugendliche sein kann.

Wenn Hugo Stamm in seiner Antwort auf meinen Kommentar schreibt, Widmer beziehe «sich sehr wohl auf die Inzestfrage», dann kaufe ich ihm das nicht ab, dass er so unreflektiert ist und alles, was den Begriff Inzest enthält, in einen Topf wirft. Da will er sich meiner Ansicht nach herausreden und verschleiern, dass er bewusst mit Verwirrung der Begriffe arbeitet, um im Leser eine Empörung auszulösen und tendenziösen Journalismus zu betreiben. Das wäre dasselbe, wie wenn man jemandem kriminelle Handlungen vorwirft, weil er Diebstahlsicherungen propagiert, mit der Begründung, dass Diebstahlsicherungen ja irgendwas mit Diebstahl zu tun hätten.

Ein zweiter Kommentar, den ich Minuten vor dem oben genannten gepostet habe, ist nicht erschienen. Was ist der Grund? Sie schreiben, dass Sie die Kommentare persönlich moderieren möchten. Sortieren Sie kritische Kommentare aus?

Einige Freunde haben mir gesagt, dass ihre kritischen Kommentare auch nicht veröffentlicht wurden und diese enthielten keine Beleidigungen oder falschen Aussagen, aber sie hätten Herrn Stamm vielleicht zu sehr entlarvt.

An diesem Artikel gäbe es noch vieles zu kritisieren. Ich bin froh, dass andere Menschen auf Verschiedenes bereits hingewiesen haben.

Eine abschliessende Frage habe ich noch: Sind die Medien heutzutage die höchste Gewalt in einem Staat? Sobald Strafuntersuchungen oder die Aufsichtspflicht von Behördenorganen nicht das von der Presse gewünschte Ergebnis zutage fördern, werden sie als «tatenlos zusehend», «Kuscheljustiz» oder «Bananenrepublik» diffamiert. Überprüfen denn tendenziöse Journalisten ihre Quellen genauso auf ihre Glaubwürdigkeit, wie dies Gesetzesvertreter und Behörden von Amtes wegen her tun müssen? Oder ist die Meinung schon gemacht, bevor ein Journalist sich an einen Bericht setzt?

Auch wenn Sie sich mit watson.ch an ein junges, trendiges Publikum wenden wollen und auch wenn die Medienbranche unter finanziellem Druck steht, wünsche

ich mir, dass Sie bei Ihren Redakteuren und Gastbei-
trägen auf ein Mindestmass an journalistischer Qualität
und Anstand setzen.

Ich grüsse Sie freundlich.

Manfred Dreier

Kasia Weidenbach

Guten Tag Herr Stamm

Da sie mich in Ihrem neuesten Artikel «Drogentherapien und Inzesttabu: Die Blackbox der Kirschblütler nach dem Tod des Sex-Gurus» bei watson.ch persönlich zitieren, habe ich mich entschlossen, ihnen zu schreiben.
Auf die vielen Aussagen über die Kirschblütengemeinschaft, die leider mal wieder überhaupt nicht der Wirklichkeit entsprechen, sondern eher den Fantasien von einigen Menschen entspringen, möchte ich gar nicht eingehen. Dies haben andere bereits getan.
Ich schreibe Ihnen, weil sie mich zitieren mit dem Satz *Obwohl in aller Regel eine sexuelle Beziehung zwischen Therapeut und Klient dem Klienten schade, und deshalb darauf verzichtet werden muss, darf man eine solche Möglichkeit nicht von vornherein ausschliessen, da sonst die Lebendigkeit in der*

Beziehung verloren geht.

Der Satz kommt in ihrem Artikel sogar drei Mal vor, gross, mittel und klein gedruckt, offenbar sollte er besonders hervorgehoben werden!

Ich habe diesen Satz bei einem Kurzvortrag bei der Solothurner Ärztegesellschaft geäussert, in dem ich die Ärztegesellschaft Avanti (Internationale Ärztegesellschaft für Echte Psychotherapie und Alternative Psychiatrie) vorgestellt habe. Wenn sie dabei gewesen wären, hätten sie auch meine Erläuterungen dazu gehört. Ich habe genau erklärt, wie dieser Satz, der anscheinend von vielen missverstanden wird, gemeint ist.

Es geht dabei ausdrücklich nicht um (sexuelle) Handlung, sondern einzig und allein um die Wahrnehmung aller Möglichkeiten, aller Potenziale und Gefühle, die in der Therapie auftauchen können. Es geht keineswegs um Missbrauch, was ich an dem Vortrag auch klar und deutlich gesagt habe. Ich finde Missbrauch, sowohl von Kindern als auch von Klienten, etwas Schlimmes, was viel Schaden anrichtet. Ich finde, sexuelle Handlungen haben weder zwischen Erwachsenen und Kindern, noch in der Therapie etwas zu suchen!

Aber Psychotherapeuten, insbesondere die tiefenpsychologisch orientierten, wissen, dass Verliebtheit des/der Klient/in in den Therapeuten oder die Therapeutin in der Therapie sehr häufig vorkommen, dass man dies nicht unterdrücken darf, da sonst keine Heilung erreicht wird, sondern nur erneute Verletzungen hervorgebracht werden.

Genauso wie wir seid Sigmund Freud wissen, dass in der

Beziehung zwischen Eltern und Kindern sexuelle Anziehung und Attraktion ein Thema ist, mit welchem man umgehen können oder lernen muss.

Ist das nun verständlich?

Dieser Vortrag war für die ärztlichen Kollegen bestimmt, in der Hoffnung, dass wir auf fachlicher Ebene, differenziert und intelligent, darüber diskutieren und Missverständnisse ausräumen könnten. Es ist ein sehr anspruchsvolles Thema, das eben Fachwissen und auch Selbsterkenntnis braucht, um es zu verstehen.

Ein Problem besteht darin, dass durchgehend der Ausdruck Inzesttabu mit Inzest gleichgesetzt oder in Verbindung gebracht wird. Dies ist jedoch nicht richtig!

Das eine Thema ist das Inzestverbot oder die Überschreitung des Verbots in Form von sexuellen Missbrauch oder Inzest. Das Inzesttabu ist etwas ganz anderes und darf nicht gleichgesetzt werden: Die Überwindung des Tabus hat nichts mit Inzest zu tun!

Das Tabu verhindert die Wahrnehmung, die Auseinandersetzung, das Sehen der Thematik. Das Tabu macht blind. Wenn man ein Tabu in sich hat, nimmt man nicht wahr, spürt nicht, sieht nicht, was passiert. Wenn in der Familie Missbrauch passiert, sorgt das Tabu dafür, dass niemand es bemerkt, dass das Opfer sich nicht getraut, davon zu erzählen oder dass dem Opfer nicht geglaubt und nicht geholfen wird.

Was wir mit der «Überwindung des Inzesttabus» meinen, ist, dass man wieder wahrnimmt, zum Beispiel sexuelle Anziehung bewusst spürt und verantwortungsvoll als Erwachsener damit umgeht. Und verantwortungsvoll heisst zum Beispiel, dass man auf die sexuelle Handlung verzichtet, das Thema davon, das Gefühl in der Beziehung, trotzdem fühlt und auch als Gefühl zulassen kann, nicht unterdrücken muss.

Liebe ist die Auflösung des Inzesttabus, nicht Inzest oder Missbrauch. Liebe, jemand der liebt, würde niemals missbrauchen.

Dürfen wir selbst bestimmen, was wir mit unseren Aussagen meinen? Oder bestehen sie und andere darauf, zu glauben, besser zu wissen, was wir aussagen, als wir selbst?

Wissen sie, warum die Anzeige unserer Kollegen beim Gesundheitsamt uns keine Angst macht? Ihre Ankündigung, Beweise für unsere Vergehen zu liefern? Weil es nichts dergleichen gibt! Es gibt keine Patient/innen, die aussagen könnten, denn es gibt keine Patient/innen, die falsch behandelt wurden. So einfach ist das. Genauso, wie es bei uns keine missbrauchten Kinder gibt. Glauben sie, die Kinder aus dem Dorf dürften sonst noch mit unseren Kindern spielen, bei ihnen übernachten? Die Menschen, die uns kennen, wissen längst, dass dies alles nur Geschichten sind, die in den Köpfen der Leute herumgeistern, und nicht die Realität.

Noch ein Wort zur Psycholyse, dem Einsatz von bewusstseinserweiternden Substanzen in der Therapie: Lesen sie denn keine Zeitung? All die Berichte in letzter Zeit von Studien, die durchgehend sensationell positiv ausfallen, von einer ersten Ausbildungsgruppe in den USA, um Therapeuten für diese Arbeit auszubilden, von in Aussicht stehenden Bewilligungen, wieder mit MDMA, LSD und ähnlichen Substanzen in der Therapie arbeiten zu dürfen? Die Arbeit mit Substanzen, auch in Gruppen, ist eine gute Sache, die vielen helfen könnte.

Warum glauben sie zwei Frauen, die offensichtlich gestört sind, die aus persönlichen Gründen enttäuscht und frustriert sind und sich nun rächen wollen für ihre schwierigen Gefühle und überall solche schmierigen Geschichten verbreiten, die nicht das Geringste mit uns und der Wirklichkeit zu tun haben, die wir in unserem Leben in der Gemeinschaft und auch in unserer Arbeit als Therapeuten leben und erleben.

Ich denke, dass sie mich nicht verstehen werden, denn sonst hätten sie längst verstanden, so oft wurde ihnen alles schon erklärt, doch ohne Erfolg.

Ich schreibe diesen Brief darum auch nicht nur für Sie, sondern für alle, die verstehen wollen, die interessiert sind, die Wahrheit zu hören, und die es sich zutrauen, zu spüren was stimmt.

Beste Grüsse von

Katherine Weidenbach

Hugo Stamms Antwort

Guten Tag Frau Weidenbach

Vielen Dank für Ihren Brief. Mir ist der Unterschied zwischen Inzestverbot und Inzesttabu sehr wohl bekannt. Ich schreibe auch nirgends, dass Sie das Inzestverbot missachten würden. Doch wenn ich die Bücher von Samuel Widmer lese, die Videos anschaue und die Schilderungen der Aussteiger – nicht nur «der beiden Frauen» – höre, komme ich zum Schluss, dass in Ihrer Gemeinschaft sektenhafte Tendenzen auszumachen sind. Dies auch bezüglich Sexualität und Drogen. (Ich glaube nicht, dass Sie nur erlaubte Substanzen einsetzen, auch seit den Razzien und Strafverfahren. Ohne LSD, MDMA usw. wäre Ihre Psycholyse in Ihren Augen nicht wirkungsvoll.) Und dass es im kollektiven Rausch zu sexuellen Übergriffen kommt, scheint sehr plausibel.

Bedenklich ist dies vor allem, weil Ärzte und Psychiater die Taktgeber sind. Wenn Samuel Widmer schreibt, er habe seinen Anhängerinnen Liebesnächte geschenkt, erachte ich dies als Missbrauch. Denn als verehrter spiritueller Meister, der glaubt, man würde sein Genie erst in 200 Jahren richtig erkennen, war er eine unumstrittene Autoritätsperson (um nur ein Beispiel zu nennen).

Ich bin deshalb überzeugt, dass Aufklärung nötig ist.

Freundliche Grüsse

Hugo Stamm

Guten Tag Herr Stamm

Ich habe lange gezögert, ob ich ihnen noch einmal antworten soll, aber ich tue es doch. Ihre Antwort enthält genau die Bilder über uns, die ich gemeint habe. Sie verstehen leider einfach nicht, wie wir wirklich leben, wahrscheinlich können sie es nicht verstehen.

Zum Beispiel, dass Samuel Widmer für uns nicht ein verehrter Meister war in dem Sinne, dass wir abhängig gewesen wären, sondern ein echter Freund, mit dem man auf Augenhöhe einen kritischen Austausch über alles haben konnte, der sich immer jeder Auseinandersetzung gestellt hat, auch bezüglich seiner Person und seiner Ansichten. Ich glaube, dass Sie sich das nicht wirklich vorstellen können, wie das ist, wenn man sich gegenseitig Liebesnächte anbietet, was da an Klärung und Ehrlichkeit dazugehört. Oder dass sexuelle Übergriffe in unseren Beziehungen, die von Respekt und Freundschaft getragen sind, undenkbar sind.

Und dass wir ausserdem ganz klar zwischen Therapie mit Klienten und dem freundschaftlichen Zusammenleben in Gemeinschaft unterscheiden. Und dass ständig von verschiedenen Menschen behauptet wird, sie hätten etwas von jemandem «gehört» was «plausibel» sei, ohne dass dies je überprüfbar ist. Dass etwas «plausibel» ist, heisst noch lange nicht, dass es wahr ist!

Mehr habe ich nicht zu sagen. Ich grüsse Sie, müde von diesen Diskussionen, und wende mich wieder wesent-

licheren Dingen zu, zum Beispiel der dringend auf dieser
Welt nötigen therapeutischen Arbeit mit Menschen.

Kasia Weidenbach

Andreas Braun

Guten Tag Herr Stamm

Vor acht Jahren haben wir einmal miteinander gesprochen. Damals marschierte ich mit auf einer Demonstration, die wir von der Kirschblütengemeinschaft organisiert hatten, um auf das Mobbing aufmerksam zu machen, denen viele von uns ausgesetzt waren. Einige von uns – unter anderem ich selbst – hatten damals wegen ihrer Zugehörigkeit zu unserer Gemeinschaft ihren Arbeitsplatz verloren und anderen drohte die Kündigung, wenn sie sich offen zu ihrer Lebensform bekannten.
Sie gaben den freundlichen und interessierten Journalisten und mischten sich unter unsere zahlreich erschienenen Familien. In dem kurzen Gespräch habe ich Sie als kritisch, aber sachlich erlebt.
Wissen Sie, bis zu meinem 18. Lebensjahr war ich selbst

Mitglied in einer religiösen Sekte und daher habe ich mich in der Rekapitulation dieser Zeit sehr gründlich mit den Mechanismen und Strukturen von Sekten beschäftigt. Daher bin ich gewissermassen selbst ein Sektenexperte.

In einer Sekte zu landen, das ist das Letzte, was mir einfallen würde; meine Freiheit geht mir über alles. Gerade deswegen habe ich nach einer Lebensform gesucht, in der ich mich so entfalten und wachsen kann, wie es meinem Wesen am besten entspricht.

Natürlich weiss ich als Psychotherapeut mit fast dreissig Jahren klinischer Berufserfahrung um die Gefahren von Abhängigkeit, sowie um die menschliche Tendenz Verantwortung abzugeben, und um die Sehnsucht nach idealen Elternfiguren als Projektionsflächen für unbewusste Wünsche und Heilserwartungen.

Wir betreiben leidenschaftlich Selbsterkenntnis und das verträgt sich nicht gut mit kindlichen Abhängigkeitswünschen. Immer wieder entscheide ich mich, hier zu leben, weil ich ein voll und ganz verantwortetes sinnvolles Leben führen will. Wir sind reife, hart arbeitende, erwachsene Menschen mit noch mehr heranwachsenden Kindern und Jugendlichen, die voll und ganz in die Schulen im Dorf und der näheren Umgebung integriert sind. Wie Sie sicher wissen, sitzt sogar seit ein paar Jahren ein «Kirschblütler» im Gemeinderat.

Das Bild, das Sie in Ihrem Artikel von uns zeichnen und das sich im Kopf des Lesers zusammensetzt, hat nichts mit der gelebten Wirklichkeit von mir und meinen Freunden zu tun.

Ausserdem gibt es gar keine «Aussteiger», zumindest ist mir niemand bekannt. Es gibt (wenige) Menschen die kommen und wieder gehen, die meisten davon bleiben uns danach weiterhin freundschaftlich verbunden.

Sehen sie nicht den Unterschied zwischen der medialen Selbstinszenierung einer Ex-Seminarteilnehmerin als Sektenopfer und jemandem der wirklich in Gemeinschaft mit uns lebt?

Aber wahrscheinlich wollen und müssen Sie uns als gefährliche Sekte dämonisieren, schliesslich ist das Ihr Geschäft als Sektenexperte.

Es grüsst Sie freundlich

Andreas Braun

Hugo Stamms Antwort

Guten Tag Herr Braun

Vielen Dank für Ihren Brief. Da ich mit Zusendungen aus Ihrem Kreis eingedeckt wurde, kann ich leider nicht auf Ihre Argumente eingehen.

Nur soviel: Wenn Sie behaupten, meine Hauptzeugen seien keine Aussteiger, weil sie nicht in der Gemeinschaft leben würden, ist dies unredlich. Wer mehr als 20 Jahre an Veranstaltungen und Ausbildungen bis zur Meisterklasse absolviert hat, wer nach Indien mitgereist ist, wer alle Kirschblütler gut kannte, wer sich mit allem voll identifiziert hat, verfügt wohl über absolute Insider-Kenntnisse.

Freundliche Grüsse

Hugo Stamm

Andreas' Rückantwort

Sehr geehrter Herr Stamm

Nun habe ich mir doch noch eine Antwort auf Ihren Brief abgerungen. Nicht wegen der Hoffnung, damit bei Ihnen wirklich etwas zu bewirken, sondern weil es der Wahrheit geschuldet ist.
Wie Sie über uns schreiben, das hat sehr negative Auswirkungen auf uns. Wir werden angefeindet und gemobbt, verlieren unsere Anstellungen – aber das wissen Sie ja alles.
In ihrer Antwort auf meinen Brief beziehen Sie sich auf zwei Hauptzeugen, die, wie sie schreiben, *alle Kirschblütler gut kannten.* Ich kannte Ihre beiden «Hauptzeuginnen» gut, vor allem aus der Zeit, bevor ich 2004 in die Gemeinschaft gezogen bin. Beide hatten nur zu einer Handvoll «Kirschblütlern» näheren Kontakt. Die allermeisten meiner Freunde in der Gemeinschaft haben die beiden erstmalig aufgrund ihrer medienwirksamen Auftritte wahrgenommen und waren von ihren Aussagen über uns irritiert und befremdet. Jedenfalls waren Ihre Haupt-

zeugen niemals Teil der Gemeinschaft Kirschblüte, sondern allenfalls Zaungäste, so wie viele andere Seminarteilnehmer auch. Daher ist Ihre Argumentation auch so vollkommen absurd. Sie verkaufen die verschrobenen Sichtweisen und Meinungen Ihrer «Hauptzeugen» als Insiderwissen, anstatt mich, den echten «Insider» zu fragen. Ihnen genügt nur eine Perspektive und deswegen müssen sie sich den Vorwurf gefallen lassen, nicht an der Wahrheit, sondern nur an der öffentlichen Aufmerksamkeit interessiert zu sein.
Ist das nicht unredlich?

Es grüsst Sie weiterhin freundlich

Andreas Braun

Celina Burger

Guten Tag Herr Stamm

Ihnen bin ich schon mal persönlich begegnet bei der Demonstration in Solothurn. Wir sind in der gleichen Runde gestanden mit Samuel Widmer und haben diskutiert. Damals habe ich Sie als durchaus ernsthaft mit uns in Kontakt erlebt, aber was Sie bei watson.ch am 20.4.2019 geschrieben haben, entbehrt jeglicher realer und fundierter Grundlage und kann nur als reisserischer Artikel verstanden werden.

Warum glauben Sie blindlings ehemaligen Patientinnen oder Schülerinnen von Samuel Widmer? Ist Ihnen nicht klar, dass es auch schwierige Patientinnen und Patienten mit schweren Störungen gibt, die sich in der Beziehung zum Therapeuten abbilden? Haben Sie schon von Übertragungsphänomenen gehört? In dieser Angelegenheit erlebe ich Sie unprofessionell und habe den Eindruck,

Sie benutzen diese Personen für Ihre Zwecke. Ihre Hauptzeuginnen» haben nie mit uns gelebt, sondern Seminare oder Ausbildungsgruppen (übrigens ohne diese abzuschliessen) besucht. Das ist eine völlig andere Ebene. Die Kirschblütengemeinschaft, von der ich Teil bin, lebt den Alltag miteinander. Wir teilen unsere Leben und uns verbindet tiefe Freundschaft. Seminarteilnehmer besuchen die Seminare und Ausbildungsgruppen und fahren anschliessend nach Hause und leben in ihrer Familie oder ihrem Umfeld. An manchen Orten sind auch Gemeinschaften entstanden, aber auch sie sind nicht die Kirschblüte.

Abgesehen davon brauche ich niemanden, der mich zensiert und beurteilt, der mich zu entmündigen versucht und über mich urteilt, nur weil ich in der Kirschblütengemeinschaft lebe. Genau das macht ja einen Teil unseres Lebens und unseres Prozesses aus: Wir erkennen uns selbst und werden dadurch unsere eigene Autorität.

Vor fünfzehn Jahren jedenfalls waren Sie mir sympathischer und offenbar mehr an Wahrheit interessiert als jetzt. Abgekürzte Zitate, zusammengefasst und inhaltlich verändert, zeugen nicht von Seriosität.

Freundliche Grüsse

Celina Burger

Guten Tag Herr Stamm

Was mich in den letzten Wochen immer wieder beschäftigt, ist, dass Sie sich selbst als Sektenexperten bezeichnen und sich Ihre Kriterien, nach denen Sie beurteilen, selbst geschaffen haben. Diese wenden Sie nun von aussen an uns an, ohne sich tiefer mit uns als Gemeinschaft zu beschäftigen und nochmals zu überprüfen, ob Sie wirklich recht haben.

Sie haben sehr viele Antworten von uns auf Ihren Artikel bekommen und junge Menschen, die in unserer Gemeinschaft aufgewachsen sind, haben Ihnen geschrieben und sich sehr offen geäussert. Warum interessiert Sie das nicht? Wieso lassen Sie sich davon nicht berühren, sodass Sie nochmals ganz neu hinschauen und nochmals überprüfen: Wie ist die Wirklichkeit? Wie lebt die Kirschblütengemeinschaft wirklich? Und könnte es sein, dass Sie sich geirrt haben? Meiner Meinung nach zeugt es von Intelligenz, dass man jederzeit neu hinschaut und nochmals von vorne anfängt zu überprüfen, sdass man sich nicht in Meinungen und Vorurteilen verrennt. Richtig weh tut es mir, dass Sie nicht mit Ihrem Herzen hineinfühlen können oder wollen.

Ich brauche niemanden, der mich beurteilt, der meint, er wisse besser über mein Leben Bescheid als ich selbst, die ich mich seit Jahren der Selbsterkenntnis und der Psychotherapie widme und immer tiefer in die Materie einsteige; viele Dinge erschliessen sich erst mit der Zeit.

Wenn Sie mehr mit dem Herzen schauen würden, würden Sie dann nicht auch erkennen, wo die Missstände und das Leid wirklich sind in unserer Gesellschaft? Wo wirklicher Missbrauch stattfindet, wo Abhängigkeiten wirklich ausgenutzt werden? Wo Unehrlichkeit herrscht, wo betrogen und gelogen wird? Wegen dieser Missstände, die in den Kirchen, in vielen Beziehungen und Familien stattfinden, wollten wir es anders machen und ergründen, was die Voraussetzungen sind, um in Liebe und Verantwortung ein schönes, glückliches und freies Leben zu leben mit erfüllten Beziehungen und einer Sexualität, die einerseits frei, andererseits voll verantwortet ist. Da sind zum Teil heftige und schmerzhafte Prozesse nötig, um dort anzukommen. Das ist unser Leben. Wir sind auch nicht abgegrenzt – jeder, den es interessiert, kann mit uns leben. Immer wieder kommen neue Leute zu uns, andere gehen wieder, wohin es sie ruft.

Warum kümmern Sie sich nicht um das wirkliche Elend unter den Menschen? Dort, wo es wirklich stattfindet? Warum öffnen Sie nicht Ihr Herz? Ich führe gerne einen Austausch, in dem man sich gegenseitig respektiert und sich gemeinsam auf die Suche nach der Wahrheit macht.

Hochachtungsvoll

Celina Burger

Doris Meier

Guten Tag Herr Stamm

Ich habe Ihnen zweimal geschrieben, vier Jahre ist das her. Auch damals ging es um das Inzesttabu und darum, was dieser Begriff konkret bedeutet. Hier ein Zitat aus dem Brief, in dem ich auf das Gespräch zwischen dem Ehepaar Widmer Nicolet und Ihnen verweise, das 2015 aufgezeichnet wurde und online war:

Das Kernelement des Inzesttabus ist, dass man anschaut, was im Verborgenen liegt. Offenlegen und Anschauen verhindert Missbrauch. Wiederholt war in dem Gespräch zwischen Samuel Widmer, Danièle Nicolet und Ihnen auf den Unterschied zwischen Inzesttabu und Inzest verwiesen worden, dennoch verwischen Sie den Unterschied.

Und auch in Ihrem Artikel auf watson.ch vom 20. April 2019 verwenden Sie Inzest und Inzesttabu synonym. Was ist der Grund dafür?

Es ist eine Säule Ihres Artikels, die inhaltlich falsch ist, das müssten Sie wissen. Damals wie heute setzen Sie aus dem Zusammenhang gerissene Widmer-Zitate in einen Kontext, der Schmuddelfantasien anheizt. Die Kommentare der LeserInnen zeigen das.

Sie kürzen zum Beispiel Zitate an entscheidenden Stellen und betten Sie ein in Ihre eigenen Deutungszusammenhänge, die wirklich immer und penetrant darauf ausgerichtet sind zu belegen, dass sexuelle Grenzüberschreitungen gutgeheissen werden, sei es in Bezug auf Klienten oder die eigene Tochter.

Im Zentrum auch dieses jüngsten Artikels steht die Szene, in der Samuel Widmer mit seiner neunmonatigen Tochter badet. Sechsundzwanzig Jahre sind seither vergangen. Über die Jahre zitieren Sie diese Szene unermüdlich mit dem Ziel, ihm sexuelles Fehlverhalten gegenüber seiner Tochter unterzuschieben. Dass Widmer seit zwei Jahren tot ist, hält sie nicht davon ab, ihn weiter in Verruf zu bringen.

Nicht sein Handeln war übergriffig, wie Sie in Ihren Antworten suggerieren, sondern Ihre Art der Darstellung unterstellt das. Samuel Widmer ging es bei der Beschreibung dieser Szene explizit um die Auseinandersetzung mit der Frage: Wo beginnt sexuelle Übergriffigkeit und was gehört zur normalen frühkindlichen Neugier, wo der Vater/die Mutter das Kind lässt? Er hat das Erlebnis auf der Rückseite des Buches „«Von der unerlösten Liebe zwischen Vater und Tochter»[43] beschrieben und die Situation ist anders dargestellt, als von Ihnen zitiert.

Es verwundert jedes Mal, wie Sie solch eine ganz zarte, unschuldige Szene in die Missbrauchsecke schieben. Die entscheidenden Nuancen bei diesem so hochsensiblen Thema lassen Sie einfach weg. Warum nur? Ist Ihr Gespür für das Unschuldige verloren gegangen? In der Regel fehlt als Folge dann auch das Gespür dafür, wenn echte Übergriffe und wirklicher Missbrauch passieren.

Das ist bedauernswert. Sensibilisierung, Wachheit und Aufmerksamkeit schützen nämlich mehr vor Missbrauch und Grenzüberschreitungen, als Regeln es jemals könnten; zu häufig werden Regeln dann doch gebrochen. Im Kern geht es um Hinschauen und Eigenverantwortung und darum, ein Gespür für die Situation und den anderen Menschen zu entwickeln.

Ich weiss, dass Sie das nicht oder falsch verstehen, Herr Stamm, dennoch möchte ich es hier ausdrücken, denn eigentlich müssten wir am selben Strang ziehen, wenn es um das Verhindern von Missbrauch geht.

Noch etwas: Was verstehen Sie unter Liebe, wenn Sie sich darüber ereifern, dass erfolgreiche Therapie in die Liebe mündet? Liebe heisst, den anderen gleichwertig und auf Augenhöhe zu respektieren, zu tolerieren, sich gegenseitig in den Eigenarten wahrzunehmen, Kontakt zu bekommen zu seinen eigenen Qualitäten und Fähigkeiten. Das alles ist Lieben. Wenn ein Mensch dazu fähig ist, war die Therapie erfolgreich. Was gibt es dagegen zu sagen?

---

[43] Samuel Widmer Nicolet, Von der unerlösten Liebe zwischen Vater und Tochter, 1995, Basic Editions

Ihre moralische Entrüstung zeigt, dass Sie Liebe auf Sex reduzieren und obendrein noch in die Schmuddelecke stecken und wie Sie auf Grundlage dieser engen, reduzierten Sichtweise die Interpretationshoheit über die Therapiemethode von Avanti beanspruchen und sich herausnehmen, das Leben in der Kirschblütengemeinschaft besser zu kennen als jeder/jede Einzelne von uns. Das ist zumindest bemerkenswert.

Als Fazit ordnen Sie dem Gesundheitsamt obendrein moralisch empört eine Untersuchung an. Dank unserer Demokratie müssen Gerichte und Behörden im Gegensatz zu tendenziösem Journalismus alle Informationsquellen gleichermassen auf ihre Glaubwürdigkeit überprüfen.

Sie bezeichnen die Schweiz in diesem Zusammenhang als «Bananenrepublik». Weil juristische Sichtweisen nicht den eigenen Interessen dienen? Es lohnt sich, hier genau hinzuschauen, was Ihre Interessen sind. Ich weiss es nicht, würde sie jedoch gern entdecken.

Ginge es um Wahrheitsfindung, würden Sie entweder psychoanalytische Themen meiden oder sich ernsthaft damit beschäftigen. Das würde beinhalten, den Unterschied anzuerkennen zwischen Inzest und dem Erforschen des Inzesttabus, denn das ist ein in der Psychoanalyse anerkannter wichtiger Unterschied. Beides synonym zu verwenden ist Populismus. Dasselbe beim Wort «Liebe». Soaps und Medien auf «Blick-Niveau verstehen darunter etwas grundsätzlich anderes als Avanti in seiner Beschreibung einer erfolgreichen Therapie.

Die unterschiedlichen Vorstellungen von «Liebe»

einfach wegzuradieren, das ist ebenfalls populistisch. Bei einer wirklichen Auseinandersetzung mit echtem Erkenntnisinteresse gäbe es schlicht auch mehr Übereinstimmung zwischen dem, was ich erlebe, und dem, was Sie über die Kirschblüten schreiben.

Die Menschen in der Kirschblütengemeinschaft sind so unterschiedlich, wie Menschen in der Welt nun mal sind. Sie leben nur viel bezogener als die meisten anderen.

Ich lebe seit sechs Jahren hier und für mich fühlt es sich so nach Zuhause an, wie Sie es sich vermutlich nicht vorstellen können. Ich habe viele Kontakte auch ausserhalb der Gemeinschaft, bin integer, oft freundlich, in der Regel offen, selbstständig und verantwortungsbewusst – wie viele andere auch. Abhängig? Ja, klar bin ich abhängig vom Geldverdienen, von der Zuneigung meiner Mitmenschen, dass genug zu essen da ist und ein Dach über dem Kopf. Ob ich darin abhängiger bin als Sie? Wahrscheinlich vom Geldverdienen.

Dann gibt es noch die inneren Abhängigkeiten oder Süchte: Ruhm und Anerkennung zum Beispiel. Das Aufdecken im Selbsterkenntnisprozess bewahrt mich zum Beispiel davor, sie auf Kosten anderer auszuleben. Nur so funktioniert Gemeinschaft: ein Gefühl für den anderen entwickeln, einfach in Beziehung sein. Das macht es mir zur Heimat.

Es grüsst Sie freundlich

Doris Meier

Jean-Etienne Schmid

Da ich zur Kirschblütengemeinschaft gehöre, fühle ich mich gezwungen, zu den Aussagen von Hugo Stamm in seinem neuesten Artikel auf watson.ch Stellung zu nehmen.

Ich bin Vater von zwei Kindern und habe es satt, Unterstellungen in Bezug auf die Beziehung zu unseren Kindern anhören zu müssen, ohne dass sich jemand über uns seriös informiert. In unserer Gemeinschaft finden keine sexuellen Übergriffe gegenüber Kindern statt, im Gegensatz zur normalen» Gesellschaft, wo die Zahlen von Missbrauch und Inzest bekanntlich erschreckend hoch sind. Anstatt sich mal zu fragen, was in unserer Gesellschaft falsch läuft, (was die Kirschblütengemeinschaft mit Kongressen, Büchern, Seminaren etc. aufzudecken versucht), projiziert man lieber die dunklen Seiten auf andere. Ist eine Gesellschaft, die Milliarden für Pornografie ausgibt, die Kinder auf schlimmste Weise missbraucht, die Frauen aus ärmsten Verhältnissen ausbeutet, ist so eine Gesellschaft im Recht zu denken, dass mit unserer Sexualität alles im Lot ist und andersdenkende Menschen, die heikle Themen hinterfragen, zu verleumden? (Den Splitter im fremden Auge, aber nicht den Balken im eigenen sehen.)

Die Schule attestiert unseren Kirschblütenkindern hohe Sozialkompetenz, vielleicht weil wir uns bemühen, in Freundschaft miteinander zu leben und nicht gegeneinander. Wir haben auch den Mut, schwierige Themen auf den Tisch zu bringen, damit eben diese oben zitierten unerträglichen Tatsachen nicht mehr stattfinden. Sich in Frage zu stellen, braucht aber bedeutend mehr Mut und Kraft, als mit dem Finger auf andere zu zeigen.

Die perversen Behauptungen von Hugo Stamm sagen ja mehr über ihn und sein krankes Gehirn aus als über uns. Da man aber mehr Geld mit reisserischen Artikeln macht als mit fundierten Texten, sind solche Verleumdungen in einer Gesellschaft, die auf Sensation baut, voll im Trend. Wenn sie so heftig unangemessen reagiert, ist dies ein Indiz, dass sie etwas zu verbergen hat, denn das Unangenehme darf nicht an die Oberfläche kommen.

Immer wieder werden wir auch mit Drogenkonsum in Verbindung gebracht. Doch wenn jemand mal an einem Feldtag (wir haben ein grosses Feld, wo wir unser eigenes Gemüse anpflanzen) käme, würde er sehen, wie wir mit Freude und Sorgfalt unsere Umgebung gestalten und als wache und leidenschaftliche Menschen fleissig und fröhlich miteinander arbeiten. Auch wieder eine verkehrte Welt: Unsere Gesellschaft ist im höchsten Masse von

Medikamenten, Alkohol, Tabak und Drogen abhängig, doch sie stellt uns an den Pranger, obwohl bei uns unterdurchschnittlich geraucht und getrunken wird. Auch was unser Zusammenleben betrifft: Unsere Scheidungsraten sind deutlich tiefer als bei dem schweizerischen Durchschnitt, doch der Presse nach sind wir völlig perverse Leute, vor denen man sich hüten muss.

Persönlich habe ich nichts gegen Hugo Stamm. Ich kann ihn sogar verstehen, weil ich mich intensiv mit dem Inzesttabuthema auseinandersetzen musste, noch bevor ich verstand, um was es wirklich geht. Doch ich würde mir wünschen, dass er mit der gleichen Vehemenz, die er uns gegenüber zeigt, gegen haarsträubende offensichtliche Missstände in der Kirche vorgehen würde. Leider ist es einfacher, auf eine kleine Gruppierung von Menschen zu zielen, als zum Beispiel auf die Machtstrukturen und Missstände der katholischen Kirche aufmerksam zu machen. Zum Glück gibt es mutigere Menschen, die es wagen, Missbräuche aufzudecken (siehe Film «Female Pleasure») und für die Wahrheit zu gehen. Das wünsche ich mir von Hugo Stamm und den Medien.

Esther Maria Caduff

Guten Tag Herr Stamm

Ich nehme Bezug auf folgenden Abschnitt Ihres Artikels auf watson.ch:

Bei den Gruppensitzungen ging und geht es immer auch um Tantra, weshalb «Patienten» und «Patientinnen» auch mal nackt auf dem Boden liegen, nachdem sie LSD, MDMA, Mescalin usw. eingeworfen haben, wie Aussteiger berichten. Mit dem Nebeneffekt, dass benebelte Frauen gelegentlich unliebsamen Besuch erregter Männer erhielten. Den Orgasmus bekomme man von derjenigen Person ab, die zufällig auf einem lande, sagte eine Aussteigerin.

Ich bin schon sehr lange in der Kirschblütengemeinschaft und auch Teilnehmerin bei Seminaren der Praxis Hof zur Kirschblüte. Weder habe ich selbst erlebt noch von anderen Seminarteilnehmenden je gehört, was diese sogenannte «Aussteigerin» behauptet. Das ist durchweg

einfach erfunden und gelogen. Haben Sie schon einmal die Möglichkeit in Betracht gezogen, dass diese Person – aus welchen Gründen auch immer – schlichtweg nicht die Wahrheit sagt? Ein Experte für Sekten oder andere Belange befasst sich immer mit **allen** Möglichkeiten, ansonsten ist er kein Experte. Dass Sie so eine Aussage und Behauptung ohne Überprüfung auf Wahrheitsgehalt öffentlich abdrucken, finde ich sehr unprofessionell. Mich erstaunt und belustigt sogar fast, dass Sie sich als Sektenexperte offensichtlich instrumentalisieren lassen. Vielleicht interessiert es Sie ja: Tantra, so wie wir das verstehen, bedeutet, dass auf alles verzichtet wird, was nicht unmittelbar in die Liebe führt. Das ist der tantrische Weg, den wir gehen. Das hat nichts mit Vergnügungssucht zu tun oder mit den skurrilen Bildern, die Sie in Ihrem Artikel vermitteln. Aber ich weiss schon, das verstehen leider die wenigsten und nur sehr tiefgründende Menschen.
Auf die weiteren Themen in Ihrem Artikel möchte ich gar nicht eingehen. Nur eines noch: Da nach wie vor das Wort «Inzesttabu» grundlegend missverstanden wird, freue ich mich schon sehr auf den anstehenden Kongress, den die Ärztegesellschaft Avanti durchführt. Diese Veranstaltung bietet Raum, sich mit Fragen und Missverständnissen zu diesem Thema auseinanderzusetzen. Wollen Sie nicht auch kommen?

Freundliche Grüsse

Esther Maria Caduff

Sabine Negwer

Guten Tag Herr Stamm

Wilhelm Reich, ein Schüler Sigmund Freuds, hat den Begriff «emotionale Pest» geprägt. Er benennt damit ein typisches menschliches Verhalten: Antrieb der emotionalen Pest ist die Unduldsamkeit gegenüber spontanen Lebensäusserungen. Begegnet ein Mensch, der an der emotionalen Pest erkrankt ist, einem wahrhaft lebendigen Menschen, weckt das in ihm unangenehme Gefühle wie Sehnsüchte und das Gefühl, ein unerfülltes Leben zu führen. Diese verborgenen Gefühle werden als zu schmerzhaft erlebt und darum bekämpft, indem man das Lebendige im anderen bekämpft. Diese Krankheit kann epidemische Ausmasse annehmen, das heisst, Menschen mit ähnlicher Disposition beginnen, sich anzuschliessen und in gleicher Weise zu handeln.
Reich musste mitansehen, wie sich seine Zeitgenossen

zuhauf hinter Hitler stellten – er wusste, wovon er sprach.

Sie, Herr Stamm, missbrauchen ihr Ansehen als angeblicher «Sektenexperte», um mit Hilfe unwahrer, dafür aber umso reisserischer Behauptungen über eine Gruppe von Menschen herzuziehen und so die Aufmerksamkeit des Mobs zu erhaschen. Hauptsache, Aufmerksamkeit erhalten und nicht in Vergessenheit geraten, so scheint mir. Dazu ist Ihnen anscheinend jedes Mittel recht.

Sie wissen sehr genau, dass Sie mit Ihren aus dem Zusammenhang gerissenen und teils falsch wiedergegebenen Zitaten bestimmte Bilder in die Hirne ihrer Leser pflanzen – mit Erfolg, wie die Kommentare zu Ihrem Artikel zeigen. Das ist vorsätzliche Aufhetzung! Und erzählen sie mir nicht, dass es anders wäre.

Sie waren doch selbst einmal bei der Familie Widmer zu Besuch und haben nichts Sektenhaftes oder Anstössiges feststellen können. Es gibt sogar einen Mitschnitt dieses Gesprächs. Warum also jetzt, nach dem Tod Samuel Widmers, diese Töne?

Wenn eines Tages hier im Dorf ein Schlägertrupp auftaucht, um Selbstjustiz zu verüben, dann gehe ich wohl recht in der Annahme, dass Sie dafür keinerlei Verantwortung übernehmen werden und Ihre Hände rein waschen mit dem Satz: «Das hat einzig und allein Herr Widmer zu verantworten.»[44] So ist es doch, nicht wahr?

---

[44] Dario Principi schreibt als ehemals betroffenes Kind in einem Kommentar zu dem Artikel, wie sehr sie als Kinder unter der schlechten Presse und den falschen Behauptungen über ihre Eltern gelitten haben. Dies tat Herr Stamm in seiner Antwort mit dem Satz ab, das sei einzig und allein die Verantwortung von Samuel Widmer.

Danke für Ihre Aufmerksamkeit. Es wäre so schön, könnten Sie sich von unseren Briefen berühren lassen. Ich wünsche Ihnen ein gutes Leben.

Sabine Negwer

Christoph Hofer Summ

Hallo Herr Stamm

Ich lebe nun schon seit über zwanzig Jahre in der Kirschblütengemeinschaft. Sehr genervt bin ich über Ihren Artikel auf watson.ch und auch verletzt. Ich verstehe, dass Sie schon mal auf eine Ihrer Hetzkampagnen hin Morddrohungen bekommen haben und mindestens einmal zusammengeschlagen wurden.

Normalerweise lese ich solche Artikel wie den Ihren nicht mehr, weil ich von Journalisten, die so schreiben wie Sie, sehr enttäuscht bin. Kaum einer bringt es je fertig, die Themen, mit denen sich unsere Gemeinschaft befasst, so aufzubereiten, dass über die Sache informiert wird, interessiert und sachlich. Was Sie schreiben, hat mit der Realität in der Kirschblütengemeinschaft und mit Samuel Widmer überhaupt nichts zu tun.

Woher haben Sie nur die Energie, uns wieder in den

Dreck zu ziehen? Ich weiss inzwischen, dass Sie gar nicht die Absicht haben, darüber zu berichten, was wirklich ist. Sie sind längst Opfer Ihrer eigenen bösen und beissenden Art und Weise geworden.

Ich sagte, als ich den Artikel gelesen hatte, zu meiner Frau: «Der ist ja schlimmer als alle Sekten zusammen!» Sie missbrauchen ihre Leser mit so einer Berichterstattung, das finde ich widerlich. Sie zimmern mit ihrem Artikel ein Bild, das mich an Inquisitionen erinnert. Ihre jüngste Schreiberei hat eine solch reisserische Aufmachung und Sie manipulieren Ihre Leserschaft; das sieht man ja an den Kommentaren. Sie projizieren Ihre eigenen Schatten auf uns und denken sich Geschichten aus. Jahrelang, jahrzehntelang tun Sie das bereits. Ihre Leser sind empört über uns, füllen vermutlich die Leere im eigenen Leben mit Ihren Skizzierungen, welche nicht annähernd stimmen. Auf diese Weise zu leben, ist doch scheisse!

Um Themen aufzugreifen wie das Inzesttabu, es trotz des Verbots, das in einem Tabu ja immer liegt, genauer anzuschauen, ohne gleich in eine Angstattacke zu verfallen, braucht es Mut. Wir könnten diese Kraft, welche ein Tabu in sich birgt, für Gescheiteres nutzen.

Lassen Sie uns und auch Samuel Widmer und seine Familie endlich in Ruhe!

Es hatte mich damals gefreut, als Sie Samuel Widmer besucht haben. Ich war sogar etwas stolz und dachte, so ein bekannter Mann wie Sie kommt zu uns. Ich dachte damals, der will es wirklich wissen und mit Samuel über Psycholyse oder andere Themen reden, philosophieren.

Er ist bekannt und wird auch der Öffentlichkeit etwas zu sagen haben. Samuel Widmer hat sich auch darauf gefreut, aber es kam wieder das Gleiche dabei heraus: Das Gespräch wurde missbraucht und der Tages-Anzeiger musste für einen weiteren, furchtbar verdrehten Artikel herhalten. Wo ist ihr Gespür? Sie verunglimpfen die ganze Familie Widmer und uns als Gemeinschaft. Sie drucken ein inniges Familienbild ab und versuchen damit, das Thema mit Ihren schmutzigen Fantasien in Zusammenhang zu bringen. Davon leben Sie! Mit so einem Journalismus decken Sie nichts auf, im Gegenteil. Sie verschleiern die Wahrheit und sind grob. Ja, ich weiss, ich bin jetzt auch grob.

Könnten Sie nicht mal etwas schreiben, das wirklich mutig aufdeckt, ganz wahr ist? Etwas, das mit Würde, ganz direkt und persönlich daherkommt? Die vielen Bücher von Samuel Widmer haben genau diesen Charakter. Kriegen Sie das nicht hin? Ich weiss schon, was sie jetzt denken.

Ach, es ist aussichtslos und hat keinen Sinn ...

Leben Sie wohl.

Christoph Hofer Stumm

Sonja Schmid

Guten Tag Herr Hugo Stamm

Ich möchte Ihnen gern eine Rückmeldung zu Ihrem Artikel auf watson.ch geben.
Die Frage einer Kommentatorin Ihres Artikels war:
Pasionaria 21.04.2019 22:18: *Wieso greift die KESB bei diesem irren bis perversen Tun in Wort, Schrift und Tat nicht ein?*
Sie antworteten: Hugo Stamm 21.04.2019 22:45 @Pasionaria: *Die KEBS greift erst ein, wenn sie Kenntnis von einer Gefährdung des Kindswohls hat. Meistens geht es über eine Gefährdungsmeldung. Eine solche könnten wohl nur Kirschblütler machen, was sie aber nicht tun werden. Gefordert wären Staatsanwaltschaft und Gesundheitsbehörden. Doch diese trödeln oder warten darauf, dass man ihnen Beweise vorlegt. Sie haben offensichtlich wenig Lust, sich mit den Kirschblütlern anzulegen, weil sie vermutlich lange Verfahren inkl. Prozesse*

befürchten.

Dazu möchte ich Ihnen folgende Rückmeldung geben:
Auf der Internetseite des Kantons Bern[45] steht:
Meldung einer eventuellen Kindeswohlgefährdung:
Jede Person kann der Kindes- oder Erwachsenenschutzbehörde (KESB) Meldung erstatten, wenn sie von einer Gefährdung des Kindeswohls Kenntnis erhält. Sie können die Gefährdungsmeldung der zuständigen KESB schriftlich oder mündlich einreichen.

Das heisst, wenn Sie, Herr Stamm, in Kenntnis einer Kindeswohlgefährdung sind, können Sie eine Gefährdungsmeldung an die zuständige KESB schriftlich und mündlich einreichen. Das sollten Sie jetzt tun, Herr Stamm, wenn Sie in der Kirschblütengemeinschaft bei einem Kind eine Gefährdung sogar nur eventuell sehen. Warum haben Sie diese Gefährdungsmeldung nicht schon längst gemacht?

Ich wäre froh, wenn Sie mir dazu eine Rückmeldung geben könnten.

Freundliche Grüsse

Sonja Schmid

---

[45]https://www.jgk.be.ch/jgk/de/index/kindes_erwachsenen-schutz/kindesschutz/gefaehrdung_kindeswohl.html)

Hugo Stamms Antwort

Guten Tag Frau Schmidt

Ich schreibe nirgends, dass Kinder missbraucht werden. Wenn ich aber die Bücher und Videos von Samuel Widmer und den führenden Köpfen Ihrer Gemeinschaft lese und schaue, finde ich sehr wohl Hinweise, die die KESB hellhörig machen müssten.

Übrigens ist es als Journalist nicht meine Aufgabe, Meldung bei den Behörden zu machen.

Freundliche Grüsse

Hugo Stamm

Sonja Schmids Rückantwort

Hallo Herr Stamm

Es ist die Aufgabe jeder Person in diesem Land, ob Putzfrau oder Professor, Meldung bei der KESB zu machen. Oder kennen Sie etwa den Beruf der KESB-GefährdungsmelderIn? Sie schreiben lieber jahrelang vage Verleumdungen anstatt einer einzigen konkreten Gefährdungsmeldung, die einem Kind tatsächlich helfen könnte.

Auf Nicht-mehr-Wiedersehen

Sonja Schmidt

Der Impuls zu diesem Buch ...

von Karin Engelkamp, zusammen mit Manfred Dreier

Am Anfang stand das Gefühl, dass es doch schade ist, dass all die Briefe, die wir Hugo Stamm auf seinen kürzlich erschienenen Artikel vom 22. April 2019 geschrieben haben, einfach nur in seinem Papierkorb landen, drücken sie doch so viel Existenzielles, Wahres, Erklärendes und auch Verletztes aus. So kam mir die Idee, daraus ein Büchlein zu machen.

Herausgekommen ist nun – rechtzeitig zum diesjährigen Avanti-Kongress zum Thema «Das Inzesttabu in der Psychotherapie» – ein «richtiges» Buch.

Die Auseinandersetzungen, denen sich die Ärztegesellschaft Avanti aktuell stellen muss, haben wir mit aufgenommen. Erstens weil diese nicht zu trennen sind von dem, was die Kirschblütengemeinschaft an Mobbing seit Jahren, nun schon Jahrzehnten, erfahren muss. Und zweitens, weil diese sehr deutlich dokumentieren, dass es auch heute noch hier im modernen Europa, in der wunderschönen, friedlichen Schweiz unter den Menschen welche hat, die nicht sehr anders sind als im Mittelalter oder als in Ländern, wo Andersdenkende, Freiheit Suchende und Anderslebende mundtot gemacht und «ausgeschaltet» werden – einfach subtiler, «eleganter», wenn man so will – mit modernen Mitteln wie Mobbing, Rufschädigung, falschen Behauptungen.

Zum Glück gibt es aber heute tatsächlich auch reifere Menschen an den Schalthebeln der gesellschaftlichen

Institutionen. Selbst inzwischen eingebürgert, fühle ich mich einfach nur wohl in der Schweizer Mentalität von Nüchternheit, Rechtsempfinden, Respekt vor Andersartigkeit und vor der Freiheit jedes Einzelnen. Ich erlebe auch ausserhalb der Gemeinschaft so viele tolerante, offene Menschen – im Dorf, bei der Arbeit, in freundschaftlichen Beziehungen. Es ist wie mit den Unruhestiftern im Fussballstadion; sie machen den grössten Wirbel, belasten das Ganze, sind auch gefährlich und scheinen viele zu sein, aber sie stehen keineswegs für das, was die meisten anderen wollen: ein friedliches, faires Spiel.

Ich lebe seit August 2005 in der Kirschblütengemeinschaft – und zwar mittendrin, nicht irgendwo am Rande – doch ich bin weder Hugo Stamm noch diesen beiden Frauen, die immer wieder als «Hauptzeuginnen», «Aussteigerinnen» und ähnliches auftreten und Erwähnung finden, jemals begegnet. Dennoch behaupten sie, den Kreis der Freunde, in den ich selbst seit vierzehn Jahren tief eingebunden bin, genauestens zu kennen. Das wäre fast zum Lachen und ein Witz, wenn es nicht so traurig wäre und mit so bösartiger Absicht geschähe.

Warum tun sie das? Damit befasse ich mich oft, versuche zu verstehen und hinter die Fassaden zu blicken. Was treibt sie an? Ihren Aussagen nach sehen sie sich als «Aufklärer und Retter der Gesellschaft» vor unseren «üblen Machenschaften». Ich hingegen beobachte, dass sie sich gegenseitig missbrauchen für ihre ganz persönlichen Neid- und Einsamkeitsgefühle, die sie auf uns projizieren, weil wir etwas leben, zu dem sie nicht den Mut haben: tiefe Freundschaften, eine freie Lebensweise und die

Folgen daraus: gemeinsame Kraft, Lebendigkeit, Kreativität und innere Freiheit.

Wenn ich mich in sie einfühle, nehme ich da ein grosses Dilemma wahr, das mich tatsächlich auch berührt und mit Mitgefühl erfüllt. Nur auf diese Art dazugehören zu können, weil man einfach nicht den Ausgang findet aus dem Strudel dieser schwierigen Gefühle – das stelle ich mir vor als Quelle von viel Schmerz und Isolation. Es ist wie bei Kindern, die den grössten «Seich» machen, nur um Aufmerksamkeit zu bekommen; auch diesen kann man am besten mit Mitgefühl begegnen, muss ihnen aber deutliche und klare Grenzen setzen.

Thomas Ackermann jedoch, Hugo Stamm und all die anderen, die sich als «Retter» aufspielen, sind erwachsene Menschen, die voll verantwortlich sind für ihre Taten. Deshalb haben sie auch die Folgen ihres Handelns selbst zu verantworten und dazu gehört zum Beispiel dieses Buch, das sie und uns sichtbar macht.

Was ich unter anderem in den Jahren, in denen ich bewusst Selbsterkenntnis betreibe, gelernt habe, ist, dass ich genau schauen muss, wenn ich gegen jemanden ein schlechtes Gefühl habe, ob er oder sie mich vielleicht mit einer Wahrheit konfrontiert, die ich aber nicht wahrhaben will und deshalb abwehren muss. Diejenigen, die uns so vehement bekämpfen, sollten sich selbst einmal die Frage stellen, warum es sie so auf die Barrikaden bringt, was wir ausdrücken und leben. Was dadurch in ihnen denn wohl für Abgründe konfrontiert werden, die sie auf uns projizieren, um sie nicht selbst verantworten zu müssen.

Thomas Ackermann als Präsident einer kantonalen Psychiatriegesellschaft oder Hugo Stamm als viel gelesener Journalist haben auch eine Verantwortung dafür, welche Stimmung sie in der Öffentlichkeit verbreiten. In den Kommentarspalten zu Stamms Artikeln zeigt sich, wie Gleichgesinnte die Botschaft verstehen und wohl auch verstehen sollen: Lynchjustiz, Kastrations- und Mordfantasien, Hauptsache das Andersartige wird aus der Welt geschafft. Als „abartig" sollen wir gelten, als üble Sekte, Kindes- und Patientenmissbraucher, die anderen Drogen verabreichen, um über sie herfallen zu können. Abartig sind solche Fantasien, nicht wir, die freiheitlich, respektvoll und verantwortungsbewusst im Leben stehen. Aber ich weiss schon, woher solche Fantasien kommen, denn diese Dinge passieren ja auf dieser Welt. Nicht unterscheiden zu können zwischen dort, wo solche Dinge tatsächlich geschehen, und dort, wo das TABU, das dem Perversen zugrunde liegt, ans Tageslicht geholt wird, um es auflösen zu können, ist unreif und zeigt, wie tief dieses Tabu – das Inzesttabu – unter den Menschen verankert ist.

Und haben wir Menschen denn gar nichts gelernt aus der Geschichte? Wie war denn das vor gerade mal siebzig, achtzig Jahren mit der Aufwiegelung des Mobs, der nur zu bereitwillig ein ganzes Volk als Sündenbock für die eigenen Abgründe auszulöschen bereit war? Und auch heute sieht man das immer noch allüberall auf der Welt.

Ich bin mir sicher, dass wir alle das nicht gut, nicht richtig finden. Zu erkennen – durch Selbsterkenntnis, unliebsame Wahrheiten, auch über sich selbst, in sich zuzulassen –, dass man selbst zu diesem Riesenproblem in der Welt beiträgt, macht, dass es sich umkehrt: Man trägt zur Lösung bei, nicht mehr zum Problem.

Solange diese Umkehr nicht als Notwendigkeit erkannt wird und diese Stimmung die Menschheit als Ganzes nicht erfasst hat, bleibt uns nur mit Mani Matter zu hoffen:

Und we me gseht, was hütt dr Mönschheit droht,
So gseht me würklech schwarz, nid nume rot.
Und was me no cha hoffen, isch alei,
Dass si Hemmige hei.

Und wenn man sieht, was heute der Menschheit droht,
Dann sieht man wirklich schwarz, nicht nur rot.
Und was man einzig noch hoffen kann, ist,
Dass sie Hemmungen haben.

Das grosse Missverständnis, das, was einfach nicht verstanden wird oder werden will, ist, dass es uns bei dem Aufdeckenwollen des Inzesttabus nicht darum geht, den Inzest begehen zu wollen oder diesen gutzuheissen, sondern darum, darauf hinzuweisen, dass es da eine verborgene Ebene gibt in der Beziehung zwischen uns Menschen, und dass ihr Verbergen grossen Schaden anrichtet. Der Tabuübertritt im Eingangszitat von Sigmund Freud *„Wer das Tabu übertritt, wird selbst tabu"* drückt in diesem Zusammenhang aus, dass, wer diese verborgene Ebene ans Licht holt, gleich mit in das Tabu verwurstelt wird. Genauso ist auch der Titel dieses Buches zu verstehen:

„Wir sind tabu".

Während der Arbeit an diesem Buch haben wir uns viele Gedanken über den Titel gemacht. Ein Favorit war „Brücken bauen". So könnte dieses Buch auch heissen, denn das ist es, was wir wollen und was sich in den Briefen auch ausdrückt: Wir bauen immer wieder eine Brücke zum Verstehen. Die eine Person hat diese Absicht ebenso – wie meine alte Schulfreundin, von der ich im Vorwort erzählt habe, die wach und offen durchs Leben geht – der andere will partout nicht und schlägt die Brücke immer wieder ein.

Am Ende ist es auf jeden Fall das Beste, immer wieder loszulassen, wie der Kirschbaum die Blütenblätter jedes Jahr wieder aufs Neue dem Wind überlässt, damit danach eine reife Frucht heranwachsen kann.

Besuch beim Sex-Guru

von Hugo Stamm

Tief im Solothurnischen wirkt Psychiater Samuel Widmer als Oberhaupt einer zweihundertköpfigen Gemeinschaft. Er sagt, ohne Freiheit der sexuellen Kraft gebe es keine spirituelle Entfaltung.

Im beschaulichen Solothurner Dorf Lüsslingen-Nennigkofen steht die Welt kopf. Hier ist eine schillernde Figur der heimliche Dorfkönig: Der sechsundsechzigjährige Psychiater Samuel Widmer hat im einstigen Bauerndorf die spirituelle Kirschblütengemeinschaft mit schätzungsweise zweihundert Anhängern aufgebaut und lebt mit zwei Frauen und elf Kindern in zwei benachbarten Häusern. Rund zweihundert Kirschblütler – viele von ihnen aus Deutschland – leben inzwischen im Tausendseelendorf, wo sie Häuser gekauft und Wohnungen gemietet haben. Seither hängt der Dorfsegen schief.

Widmer, der in den Medien gern als Sexguru betitelt wird, hat ein altes Bauernhaus umgebaut. Hier hat er seine therapeutische Praxis eingerichtet, im grossen Raum darüber finden in den Augen vieler Dorfbewohner Sodom und Gomorrha statt: Bei den Tantrakursen treffen sich hier die Kirschblütler, meist nackt. Bei den Psycholysetherapien konsumieren die Grossgruppen psychoaktive Substanzen. Früher setzten sie mit dem Segen des Bundesamtes für Gesundheit LSD und Ecstasy ein, heute pharmazeutische Mittel. Die freie Liebe ist ein wichtiger Teil seines spirituellen Konzeptes.

In den warmen Jahreszeiten fährt der meist indisch gekleidete Widmer mit seiner Rikscha, einem dreirädrigen Gefährt aus Indien, vor. Hier empfängt der spirituelle Lehrer seine Klienten, mehrheitlich seine Anhänger, zur Psychotherapie. Oft geht es beim Gespräch um Inzestfragen.

Jugend im Sektenmilieu

Widmer wuchs in einem eigenartigen, inzestuösen und sektiererischen Klima des Evangelischen Brüdervereins Zuchwil, Solothurn, auf, einer strengen Freikirche, wie er selbst sagt. Sein Grossvater war der Prediger. In der vierten Klasse sei er das schwarze Schaf gewesen und vom Lehrer gedemütigt, gezüchtigt und verprügelt worden. Bis er der Dümmste gewesen sei, dick und dumm.

Das fromme Leben in der prüden Freikirche hat Widmer nachhaltig geprägt. Er studierte Medizin und wurde Psychiater. Bald flüchtete er aus dem christlichen Gefängnis und befasste sich mit esoterischen und spirituellen Phänomenen. Seine Vorbilder waren Sigmund Freud und der spirituelle Lehrer Krishnamurti. Er sah sich zu Höherem berufen, suchte eine Synthese zwischen spirituellen und sexuellen Ideen, angereichert mit psycholytischen Versatzstücken. Damit faszinierte er spirituelle Sucher, die sich von ihm therapieren liessen. Das war der Grundstein für die Entwicklung seiner heutigen Gemeinschaft.

Widmer erinnert inzwischen tatsächlich an einen Guru. Er wirkt behäbig und spricht bedächtig, aber in der Wortwahl präzis. In seinen Büchern präsentiert er sich als spiritueller Meister und Weltenlehrer, der die Weltformel sucht, also die «letzten Ursachen der Dinge», die «ultimative Wahrheit, die unser ganzes Sein erklären», wie er im Buch «Wer heilt, hat recht» schreibt. Er findet diese Formel angeblich immer wieder. Verschiedene Aussteiger bestätigen dem «Tages-Anzeiger», der Personenkult um Widmer nehme immer mehr messianische Züge an.

«Ich bin der ewige Jude.»
Und doch leidet Widmer darunter, dass die Welt zu wenig Notiz nimmt von ihm. «Ich bin der ewige Jude», schreibt er. Es sei sein Schicksal, der Neger, der Indianer, der Ausgestossene zu sein. «Genialität darf höchstens posthum attestiert werden», klagt er. Im Gespräch ergänzt er, er sei überzeugt, dass seine Arbeit in zweihundert Jahren ganz anders beurteilt werde.
Damit meint der Psychiater vor allem seine Ideen zum Thema Inzest. Für ihn und seine Anhänger sind sie der Schlüssel zur Errettung der Welt, für seine Kritiker hingegen eine umstrittene Theorie. Wer sich nicht vertieft mit der Arbeit von Widmer auseinandersetzt, erhält den Eindruck, der Psychiater und seine Anhänger befürworteten den Inzest, also den Geschlechtsverkehr zwischen nahen Verwandten, auch zwischen Vater und Tochter.
Widmer scheut sich denn auch nicht, im Buch «Inzesttabu» eine erotische Annäherung einer seiner Töchter in der Badewanne zu beschreiben. Wie sie als kleines Mädchen täglich mit seinem Penis spielte: «Wir geniessen beide das Spiel». Hätte er sich zurückgezogen, hätte es für sie bedeutet, dass «ihre Freude und ihre Sehnsucht nach Verschmelzung» nicht willkommen seien, schreibt Widmer. Ein Signal, «das ihr das Herz brechen kann». Die Liebe zu seiner Tochter sei«„ohnegleichen in ihrer Schönheit und Reinheit und auch heute noch frei vom Inzesttabu. Überhaupt sei der Inzest «ein wunderschöner Prozess».
Nimmt man Inzest als das, was es nach Definition bedeutet,

nämlich Geschlechtsverkehr mit nahen Verwandten, klingt es nach Übergriff. Doch dagegen verwahrt sich Widmer im Gespräch vehement. Er beschreibt es auch in seinen Büchern. Es gehe dabei nicht um den vollzogenen Geschlechtsverkehr. Woher aber der Widerspruch? Der Psychiater definiert Inzest auf seine Art. Er versteht darunter die sexuelle Anziehung zwischen uns allen, also auch zwischen Erwachsenen, zwischen Freunden, zwischen Vater und Tochter, Mutter und Sohn. Es gelte, diese wahrzunehmen, zuzulassen und zu würdigen. Also nicht das Inzestverbot, sondern das Inzesttabu als Tabu bezüglich Wahrnehmung und bewusster Auseinandersetzung in uns und zwischen uns aufzuheben und inzestuöse Wünsche und Gefühle nicht weiter zu unterdrücken, sondern frei darüber zu sprechen.

Vorbehalte gegenüber den Inzestideen von Widmer formulierte auch der inzwischen verstorbene Psychiatrieprofessor Klaus Ernst in einem Gutachten: „«Samuel Widmers Buch ruft dazu auf, die weltweit übereinstimmenden Gesetze betreffend sexueller Ausbeutung Abhängiger und betreffend Inzest zu verletzen. Standesrechtlich bleibt gegenüber Herrn Dr. Widmer nur der Entzug der Praxisbewilligung möglich.» Dazu kam es aber nie, weil Widmer offenbar glaubwürdig erklären konnte, dass es ihm nicht um den Geschlechtsverkehr gehe.

Dennoch: Für Widmer ist das Inzesttabu die Ursache für praktisch alle Traumata, ja, für Chaos und psychisches Elend auf der Welt. Wörtlich: «Ohne die Aufhebung des Inzesttabus gibt es kein Ende des Krieges, kein Ende des Leids, keine Liebe». Widmer schwebt eine Inzesttherapie vor, denn er glaubt, dass «jeder ein Inzestopfer ist. Und jeder ein „Inzesttäter». Seine Ausführungen gipfeln in der Aussage: «Die Erforschung der Inzestproblematik ist mein Vermächtnis an die Welt.»

«Es geht immer um Sex»

Trotzdem stutzt man als Leser und Diskussionspartner von Widmer immer wieder: Auch wenn er unter Inzest nicht den vollzogenen Geschlechtsverkehr versteht, dreht sich bei ihm und seinen Anhängern vieles um Sex: «Es geht immer um Sexualität, bei allem, was wir tun. Wenn wir sie unterdrückten, verlieren wir die Kontrolle über das Leben», so Widmer.

Für Widmer ist es ebenfalls wünschenswert, sich in der Therapie «so bald wie irgendwie möglich auf die Sexualität einzulassen». Frei von Ängsten zu sein bedeute, seinen Klientinnen «sagen zu können, dass man einander gern nackt sehen» würde und zum Therapieende «ganz vergnüglich» mit ihnen schlafen möchte. Es sei wichtig, sich ganzheitlich aufeinander einzulassen auf allen Ebenen, «wirklich auf Tod und Leben füreinander da zu sein».

Zu seinem Vermächtnis an die Welt gehört auch der Begriff «ehrbarer Inzest» als ein wichtiger Aspekt seiner Lehre. Wende er sich beispielsweise von seiner Tochter ab, die seine Nähe suche, begehe er einen ehrbaren Inzest. Dieser «führt genauso wie der Übergriff zu einem schweren Trauma bei den Töchtern».

Frauen als potenzielle Klientinnen

Sind somit die meisten Menschen wegen des ehrbaren Inzests seelisch verletzt oder traumatisiert? Das sei zu 99 Prozent der Fall, bestätigt Widmer und verweist auf das Elend in der Welt. Ein Aussteiger sieht darin aber ein gutes Geschäftsmodell des Psychiaters: «Alle Frauen sind für ihn potenzielle Klientinnen.» Und tatsächlich: Praktisch alle Anhänger sind auch Therapieklienten von Widmer und seiner beiden Frauen. Dabei scheint es keine Rolle zu spielen, dass die Partnerinnen des Psychiaters keine anerkannte Ausbildung als Psychotherapeutinnen haben. Und dass es zu therapeutisch problematischen Verstrickungen kommt: Die Klienten gehören zur Kirschblütengemeinschaft und sind Teilnehmer an den tantrischen Kursen ihrer Therapeuten. Möglich ist auch, dass sie schon seine Liebespartnerinnen waren oder werden.

Widmer hat seine beiden Frauen vor vielen Jahren als Klientinnen kennengelernt. Inzwischen hat das Dreiergespann elf Kinder. Aussteiger erklären, dass Widmer gelegentlich auch eine neue Gespielin habe. Vor ein paar Jahren liess er die Frauen seiner Gemeinschaft wissen, dass er gern jede einmal im Jahr besuchen und ihnen eine Liebesnacht schenken würde. Bei den Besuchen gehe es darum, zusammen «eine Liebesgeschichte zu beginnen». Heute praktiziere er die Liebesnächte aus Altersgründen nicht mehr, eine seiner beiden Frauen hingegen immer noch, sagte er im Gespräch. Diese Liebesnächte führten immer wieder zu Eifersucht und Auseinandersetzungen zwischen den Ehepartnern, berichten Aussteiger. «Viele Frauen wollen sich ihm hingeben, weil sie glauben, er sei als spiritueller Meister die absolute Liebe in Person.»

Konsequenterweise räumt er der freien Liebe einen hohen Stellenwert ein: «Wer eine gesunde Sexualität lebt, hat keine Zeit, um Krieg zu führen. Männer, deren Penis nicht freien Zugang zum Weiblichen findet, ersetzen ihn durch ein Gewehr, mit dem sie sich freizuschiessen hoffen.» Ohne völlige Freiheit der sexuellen Kraft gebe es keine spirituelle Entfaltung und keine Liebe.

Ein weiterer Schwerpunkt in der Bewusstseinsarbeit sind die Tantrakurse mit bis zu neunzig Teilnehmern. Widmer dazu: «Man trifft sich dort nackt und still, ohne Worte. Eingeladen ist nur, wer zu allem bereit ist.» Die tantrische Vereinigung sei das grösste

Glück, eine Verschmelzung auf allen Ebenen, eine mystische Hochzeit. Er führt Tantra-Workshops, Tantra-Meisterkurse und Krieger-Tantra durch und nennt sein Angebot «Therapeutisch-tantrisch-spirituelle Universität».

Sektenmentalität

Ein weiterer Aussteiger beschreibt das Leben und die Atmosphäre in der Kirschblütengemeinschaft trotz freier Liebe und Tantra als bieder. Samuel Widmer habe sich zwar von seiner rigiden Erziehung in der strengen Freikirche des Brüdervereins gelöst, er sei aber in der damaligen Sektenmentalität verhaftet geblieben.

Die kritischen Reaktionen in der Öffentlichkeit und die mangelnde Anerkennung in der Fachwelt veranlassten Widmer, ein düsteres Bild von der Welt zu zeichnen. Im Buch «Gemeinschaft und Gemeinschaftsbildung» schreibt er, es sei Zeit für die Konfrontation, für den definitiven Showdown. «Die definitive Ausmarchung steht bevor. Armageddon steht vor der Tür.» Als apokalyptisch empfand eine Klientin auch, dass in der Gemeinschaft oft die Frage gestellt werde, ob sie für einen Freund oder die Liebe sterben würden. Dies ist zweifellos eine rhetorische Frage, sie offenbart aber eine auffällige Geisteshaltung.

Dialoge und Kommentare

Marianne Principi:

Sehr Geehrte

Dieser Artikel ist so etwas von schlecht recherchiert!
Vieles ist völlig veraltet, so auch das bald zehnjährige
Foto. Auch fährt Samuel Widmer seit Langem keine Rik-
scha mehr. Viel mehr könnte noch aufgeführt werden.
Zudem wurde das Fachthema «Inzesttabu» in vielem
völlig falsch oder missverständlich dargestellt. Es hat teil-
weise richtig grobe und falsche Aussagen darunter.
Eigentlich erstaunlich, dass ein sich für intelligent hal-
tender Journalist nicht fähig ist, die wissenschaftlichen
Inhalte zum Thema unverblümt und fachgerecht wieder-

zugeben und stattdessen eigene Verwirrungen darunter-
mischt.
Enttäuscht vom heutigen, offenbar immer noch gängigen
Journalismus.

M. Principi

Manfred Dreier:

Lieber Herr Stamm

Ich nehme Bezug auf Ihren Artikel «Besuch beim Sex-Guru».
Ich bin selber Arzt und Psychotherapeut und lebe seit bald sechs Jahren in der Kirschblütengemeinschaft. Können Sie sich vorstellen, dass aufgrund eines Artikels wie dem Ihren Leute von uns ernste berufliche Schwierigkeiten bekommen können bis hin zu Kündigungen? Das tut mir besonders weh, weil Ihr Artikel einfach schlecht recherchiert und tendenziös geschrieben ist.
In den ersten fünf Minuten des Gesprächs mit Herrn Widmer hat er doch klar auf den Unterschied zwischen InzestTABU und InzestVERBOT hingewiesen. In Ihrem Artikel wollen Sie uns unbedingt unterjubeln, dass wir missbräuchliches Verhalten gutheissen würden. Doch beim Verbot stehen wir auf derselben Seite wie die übrige

Fachwelt auch; nur das TABU wollen wir aufheben, damit man darüber redet. Aber darüber will ich gar nicht mehr schreiben.

Ich will noch auf etwas ganz anderes hinweisen. Beim Lesen bekam ich auch so eine Spur der Einsamkeit von Sektenexperten mit. Vielleicht wäre der Artikel ein anderer geworden, wenn Sie als Informationsgrundlage nicht ein Buch und ein Interview in einer Praxis, sondern ein Gemeinschaftsereignis wie unser letztes Erntedankfest genommen hätten. Dort hätten Sie ein fröhliches Beisammensein von Gross und Klein erlebt. Unsere glücklichen und lebhaften Kinder hätten sicher Ihr Herz erwärmt und Ihre Mutmassungen, dass hier Missbrauch stattfindet, zerstreut – oder besser – dahingeschmolzen. Sie hätten erlebt, weshalb wir hier in Gemeinschaft leben. Nicht weil wir einem manipulativen Guru hörig sind und Angst vor apokalyptischen Prophezeiungen haben, sondern weil es einfach das erfülltere und glücklichere Leben ist. Es ist die Natur des Menschen, ein soziales Tier zu sein, und wir nehmen hier einiges auf uns, vor allem Anfeindungen von aussen, aber auch Auseinandersetzungen unter uns (zum Beispiel um die Eifersucht), um dieses Zusammenleben zu etwas Blühendem und Bereicherndem zu machen. Da nicht dabei zu sein, kann schon einsam und verbittert machen.

Etwas traurig bleibe ich zurück nach diesem Artikel, aber ich schliesse Sie in mein Herz als einen, der eigentlich ständig sucht und nie ankommen darf.

Ich grüsse Sie herzlich   Manfred Dreier

Dana Dreier:

Lieber Herr Hugo Stamm

Schön fand ich den Brief, den mein Mann gestern Abend an Sie verfasste. Auch wenn es sowieso nichts nützt, helfen uns unsere Kommentare, uns über die Ohnmacht und das ewige Unverstandensein hinwegzutrösten.
Ich möchte gern noch etwas zu meinem Mann ergänzen: Anstelle sich immer nur in der Therapiestube von Herrn Widmer zu treffen und mental alles verstehen zu wollen, was gar nicht geht (Sie haben gar nie verstanden, worum es hier geht), richten Sie doch einmal Ihren Blick auf das ERGEBNIS! Schauen Sie sich um und schauen Sie in unsere Augen. Sind unsere Blicke stumpf und leer oder offen und freundlich? Und, ja, gehen Sie doch einmal auf unsere Kinder zu und fragen sie, wie es ihnen geht und in welcher Stimmung sie aufwachsen.

Wenn man sich selber noch nie auf eine professionell geleitete psycholytische Sitzung oder auf eines unserer Seminare eingelassen hat (und ich meine offen und ohne vorgefasste Meinung), kann man gar nicht verstehen, was uns bewegt und so glücklich sein lässt. Mental kann man das definitiv nicht fassen. Kommen sie doch bitte das nächste Mal, anstelle immer nur zu Herrn Widmer und seiner Frau zu mir und meinen Kindern! Wir erklären ihnen gern, wie wir leben und auf welche Weise mir persönlich Herr Widmer ins Leben verholfen hat.

Stehen SIE im Leben, Herr Stamm? Oder kommen Sie auf unseren nächsten Kongress[46] im Sommer, der wird Sie echt inspirieren, wenn Sie erleben, mit was für überaus intelligenten Menschen Sie es da zu tun haben werden.

Ich werde dort im Übrigen einen Vortrag halten, wie es bei Herrn Widmer tatsächlich in der Therapiestube zu- und hergeht. Und bringen sie doch dafür grad auch noch die Damen und Herren der Zeitung mit. Es wäre mir eine Freude.

Von Herzen

Dana Dreier

---

46 Fachkongress der Ärztegesellschaft Avanti zum Thema «Tantra in der Psychotherapie?», 2015
https://www.kirschbaumbluete.ch/mediathek-kongress-2015/

Doris Meier

Sehr geehrte Redaktion, sehr geehrter Herr Stamm

Sie zitieren Widmer zum Inzesttabu, verwässern dann in der Regel jedoch Begriffe wieder durch nachgeschobene Interpretationen. Der Subtext wirkt bekanntlich, und Bilder, egal, aus welcher Mottenkiste sie kommen.

Für mich ist schwer nachvollziehbar, dass sich ein Journalist solche Themen aussucht ohne die Bereitschaft, sich mit deren Inhalten genau auseinanderzusetzen. Vielleicht liegt es daran, dass ich mich für einzelne Interviews, die ich geführt habe, vorher sehr intensiv mit den Büchern der Autoren beschäftigt habe.

Das Verwischen des Unterschieds zwischen Inzest und Inzesttabu öffnet zum Beispiel falschen Bildern und Unwahrheiten die Tür. Warum ist mir im Zusammenhang mit Ihrem Artikel wichtig, das zu betonen? Ihre Zeitung hat als einzigen Kommentar zum Porträt über Samuel

Widmer denjenigen veröffentlicht, den die Journalistin Bettina Röhl gehostet hat, bei der anscheinend allein das Schriftbild «Inzest» ausreicht, um die Kirschblütengemeinschaft in einem Atemzug mit bekannten Institutionen in einen Topf zu werfen, in denen sexueller Missbrauch stattfand. Kein Wissenshintergrund, pure Meinungsmache. Täusche ich mich bei dem Verdacht, dass diese Assoziationen absichtlich geschürt werden? Warum sonst würde Ihre Zeitung das veröffentlichen?

Das Kernelement des Inzesttabus ist, dass man anschaut, was im Verborgenen liegt. Offenlegen und Anschauen verhindert Missbrauch. Im Unterschied dazu haben einzelne der 68er-Generation den Missbrauch beschönigt. Diesen Teil kann man bei der Journalistin Bettina Röhl nachlesen, wenn sie über ihre Leidensgeschichte mit dem Vater berichtet. Das ist eine komplett andere Geschichte, die Gegengeschichte, wenn Sie so wollen, nämlich die, die es zu verhindern gilt.

Erstaunt haben mich auch die Informationen, auf denen Ihr Artikel basiert. Ihr Porträt lässt sogenannte Aussteiger mit negativen und zwielichtigen Aussagen zu Wort kommen, die die Fantasie des Lesers in die Schmutzecke locken sollen wie beim Thema Tantra. (Um darüber zu informieren und aus der Ecke zu befreien, gibt es den Kongress.) Aber wer sind die Informanten? Viele Menschen in der Gemeinschaft kenne ich schon seit mehr als fünfzehn Jahre. Seit ein paar Jahren wohne ich in Lüsslingen-Nennigkofen, die von Ihnen Zitierten kenne ich nicht. Mithilfe solcher Aussagen ein Porträt zu gestalten, wirft ein merkwürdiges Bild auf seinen Verfasser. Das

DDR-System zum Beispiel bediente sich solcher Quellen. Sie bilden ein Netz, das Intrigen und Verleumdungen beheimatet.

Eigentlich bin ich einfach nur fassungslos den Unsinn, der auf solch eine Art Verbreitung findet. Davor gab es aber Stadien, wo ich Sie an den Schultern fassen, schütteln und entgegenrufen wollte: Mit welchem Recht massen Sie sich an, solche Bilder zu verbreiten? Gegen diese Grautöne und Undurchsichtigkeiten wehre ich mich vehement, weil sie ein falsches Licht auf mich und Menschen werfen, mit denen ich gemeinschaftlich und nachbarschaftlich lebe.

Unter einem Sektenforscher stelle ich mir einen Menschen mit einer analytischen Geisteshaltung vor, der, um nur ein Beispiel zu nennen, Religionen und ihren verschiedenen Ablegern auf den Grund geht. Jemand, der letztendlich zum Wohl des Einzelnen unterwegs ist, bei dem die Gefahr besteht, dass er von einer Organisation oder Sekte missbraucht oder entmündigt wird. Um in diesem Bereich zu einer fundierten Meinung zu kommen, bedarf es einer gründlichen Recherche. Eine sachgerechte Entscheidung findet sich nur, wenn verschiedene Ebenen betrachtet und genau untersucht werden. Das Porträt, das sie im Tages-Anzeiger über Samuel Widmer veröffentlicht haben, widerspricht diesem Bild, das ich von einem unvoreingenommenen Sektenforscher habe.

Doris Meier

Sehr geehrte/r Frau/Herr

Vielen Dank für Ihre Mail. Es erstaunt mich, dass Sie meinen Text rundweg kritisieren und erklären, ich hätte schlecht recherchiert, der Artikel enthalte falsche Informationen. Ich erhielt mehrere Briefe mit ähnlichem Inhalt. Doch niemand schrieb, welche Fakten in meinem Text nicht stimmen würden. Es gibt wohl einen klaren Grund: Ich habe viele Originalzitate aus den Schriften von Herrn Widmer verwendet. Diese können doch wohl nicht falsch sein.

Sie kritisieren weiter, ich hätte nicht begriffen, was Inzest und Inzesttabu bedeute. Inzest bedeutet nach semantischer Definition eindeutig Geschlechtsverkehr mit nahen Verwandten und Inzest-tabu das Verbot zu diesem Geschlechtsverkehr. Sie können dies in kurzen Recherchen im Internet verifizieren. Die Verwendung der beiden Begriffe durch Herrn Widmer sind deshalb sehr eigen-willig.

Ich wurde auch kritisiert, ich hätte nicht begriffen, was Inzest wirklich bedeute. Deshalb habe ich ja im Artikel eine Definition geliefert, die von Herrn Widmer abgesegnet worden ist. Ihr Vor-wurf an mich geht also am Ziel vorbei.

Freundliche Grüsse

Hugo Stamm

Sehr geehrter Herr Stamm

Ich kritisiere vor allem drei Dinge an Ihrem Artikel:
Den Subtext mit den Bildern, die Sie vermitteln. Sie zitieren, ja, aber verwässern die Zitate durch nachgeschobene Interpretationen. Den geposteten Kommentar von Bettina Röhl zu Ihrem Porträt, der den Leser auf eine üble Fährte führt. Das Beziehen auf Aussagen von Aussteigern, die sich nicht zu bekennen geben und auf deren Aussagen Sie Ihr Porträt aufbauen. Meine Kritik benennt die journalistischen Winkelzüge, die darauf ausgerichtet sind, eigene Vorurteile oder den Leseranreiz höher zu bemessen als den Blick aufs wirkliche Geschehen.
Sie wollen wissen, welche Fakten in Ihrem Text nicht stimmen. Zum Beispiel besitzt Herr Widmer seit Jahren keine Rikscha mehr, was ich jedoch eher nebensächlich finde im Vergleich damit, wie Sie mit Zitaten und Bildern arbeiten. Sie zitieren, ja, aber verwässern die Zitate durch nachgeschobene Interpretationen, damit untergraben Sie die Fakten. Ein Beispiel: Sie schreiben nach einem Zitat:
Vorbehalte gegenüber den Inzestideen von Widmer formulierte auch der inzwischen verstorbene Psychiatrieprofessor Klaus Ernst in einem Gutachten: «Samuel Widmers Buch ruft dazu auf, die weltweit übereinstimmenden Gesetze betreffend sexuelle Ausbeutung Abhängiger und betreffend Inzest zu verletzen. Standesrechtlich bleibt gegenüber Herrn Dr. Widmer nur der Entzug der Praxisbewilligung möglich.» *Dazu kam es aber nie, weil Widmer offenbar glaub-*

*würdig erklären konnte, dass es ihm nicht um den Geschlechts-
verkehr gehe.*

Sie zitieren einen Gutachter, dessen Schreiben nach genauer Überprüfung verworfen wurde, und suggerieren
dem Leser gleichzeitig ihre eigene Vermutung, dass die
Prüfer von damals nicht genau geprüft haben, nämlich
*«weil Widmer offenbar glaubwürdig erklären konnte, dass es
ihm nicht um den Geschlechtsverkehr gehe.»* Dann gehen Sie
noch eine Ebene weiter und versuchen die Gegengut-
achter von damals zu widerlegen. Das heisst, Sie übernehmen deren Job und widerlegen Herrn Widmer nach-
träglich, indem Sie auf einen angeblichen Widerspruch
verweisen: *Dennoch: Für Widmer ist das Inzesttabu die Ursache für praktisch alle Traumata, ja, für Chaos und psychisches
Elend auf der Welt.*

Ausformuliert heisst der Satz: Obwohl Widmer glaubwürdig erklären konnte, dass es ihm nicht um den Geschlechtsverkehr gehe, ist das Inzesttabu die Ursache für
praktisch alle Traumata ...

Können Sie mir den Sinn dieses Satzes inhaltlich erklären? Seine Logik? Er suggeriert eine Äquivalenz zwischen Inzesttabu und Geschlechtsverkehr. Und schwupps
– springt diese Information in den Kopf des Lesers. Ihre
Message im Subtext ist: Widmer redet von Inzesttabu und
meint Geschlechtsverkehr. Und genau an dieser Stelle
schieben Sie ein Widmer-Zitat hinterher: *Ohne die Aufhebung des Inzesttabus gibt es kein Ende des Krieges, kein Ende
des Leids, keine Liebe.*

In der von Ihnen vorgegebenen inhaltlichen Äquivalenz
von Inzesttabu und Geschlechtsverkehr heisst dieses

Zitat für den Leser, dass die «Aufhebung des Inzesttabus» in Wirklichkeit die Aufhebung der Schranken des Geschlechtsverkehrs für alle bedeutet.

Sie verwenden Aussagen von anonymen Informanten und bauen darauf Ihr Porträt auf. Sie schreiben: *Sind somit die meisten Menschen wegen des ehrbaren Inzests seelisch verletzt oder traumatisiert? Das sei zu 99 Prozent der Fall, bestätigt Widmer und verweist auf das Elend in der Welt. Ein Aussteiger sieht darin aber ein gutes Geschäftsmodell des Psychiaters:* «Alle Frauen sind für ihn potenzielle Klientinnen.»

Was hier sichtbar wird, ist, dass Sie die rufschädigenden Aussagen von anonymen Informanten gerne übernehmen und darüber hinaus deren Argumente für Ihre eigenen Voreinstellungen nutzen, indem Sie zum Beispiel schreiben: *Und tatsächlich: Praktisch alle Anhänger sind auch Therapieklienten von Widmer und seiner beiden Frauen.*

Nebenbei bemerkt: Wer sind die Anhänger? Die Menschen in der Gemeinschaft? Bin ich das? Und wem oder was hänge ich an? Den oben beschriebenen Ungereimtheiten, die Sie unter die Leute bringen?

Noch ein Beispiel, wie Sie anonyme Informanten für eigene Vorurteile benutzen: *Widmer hat seine beiden Frauen vor vielen Jahren als Klientinnen kennengelernt. Inzwischen hat das Dreiergespann elf Kinder. «Aussteiger» erklären, dass Widmer gelegentlich auch eine neue Gespielin habe.*

Was entsteht bei mir im Kopf als unbedarfte Leserin bei diesen Zeilen? Ein ausgeflippter, sexverrückter Psychiater mit zwei abhängigen Frauen, Gespielinnen und elf Kindern. Die anonymen Informanten untermauern die Projektion des Verfassers. Ein Patriarch inmitten Abhängiger – Klischee pur.

Was ich sehe, sind glückliche Beziehungen und Menschen, die an sich arbeiten, glückliche Kinder, selbstbestimmte Frauen und zum Teil erwachsene Kinder, die ihr eigenes Leben führen. Das von ihnen kreierte Klischee lässt sich an dieser Stelle auf der Grundlage verbreiten, dass Sie vorher die Zitate über Inzest und Inzesttabu, wie aufgezeigt, verfälscht und ihres Gehalts beraubt hatten.

Der letzte anonyme Informant in Ihrem Artikel bekräftigt, wie gehabt, Ihre eigene Meinung: *Ein weiterer Aussteiger beschreibt das Leben und die Atmosphäre in der Kirschblütengemeinschaft trotz freier Liebe und Tantra als bieder. Samuel Widmer habe sich zwar von seiner rigiden Erziehung in der strengen Freikirche des Brüdervereins gelöst, er sei aber in der damaligen Sektenmentalität verhaftet geblieben.*

Was will mir dieser Satz sagen?

Begriffe wie Biederkeit, Tantra, freie Liebe, rigide Erziehung, strenge Freikirche, Sektenmentalität stehen in keiner inhaltlich logischen Verknüpfung zueinander. Sie benutzen nicht nur zweifelhafte anonyme Informanten, auch die semantischen Aussagen verwirren. Es scheint, das Zitat diente auch dazu, den Begriff «Sektenmentalität» einzuführen.

Am Ende begründen Sie Widmers düstere Zukunftsprognosen monokausal mit seiner Enttäuschung über die nichtgewürdigte Lebensleistung. Das heisst, aus einer rein subjektiv erfahrenen Kränkung sieht er die nähere Zukunft negativ. So viel Enge des Denkens lässt sich für mich als Leserin nur aus der engen und biederen Sozialisation erklären, aus der er sich dann doch noch nicht gelöst haben kann – so der Subtext.

Die Tagesschau zeigt es täglich. Libyen, Ägypten, Ukraine, Griechenland. Auch die optimistischen Politiker in Europa halten im Moment den Atem an. Wäre es möglich, dass die düsteren Prognosen von Herrn Widmer aus einem nüchternen Blick auf die Welt resultieren? Und können Sie mir erklären, Herr Stamm, warum ich bei der Analyse Ihres Porträts über Samuel Widmer über Sie sehr viel erfahre und über ihn nur peripher etwas?

Sie schreiben mir: *Sie kritisieren weiter, ich hätte nicht begriffen, was Inzest und Inzesttabu bedeute. Inzest bedeutet nach semantischer Definition eindeutig Geschlechtsverkehr mit nahen Verwandten und Inzesttabu das Verbot zu diesem Geschlechtsverkehr. Sie können dies in kurzen Recherchen im Internet verifizieren. Die Verwendung der beiden Begriffe durch Herr Widmer sind deshalb sehr eigenwillig.*

Ich habe im Internet aus dem Brockhaus sechs verschiedene Definitionen zum Inzestverbot gefunden. Der «Ödipuskomplex» zum Beispiel, den Freud mit seiner Psychoanalyse neu einbrachte, zählt zum Inzesttabu. Ich erwähne ihn, weil er ein Beispiel bietet, dass die Inhalte, die bestimmte Begriffe transportieren, je nach Kontext verschieden sein können. So verwenden einige Psychologen und Soziologen den Begriff «Ödipuskomplex» unterschiedlich. Dass Widmer «Inzesttabu» anders definiert als manche Therapeutenkollegen, ist eine logische Konsequenz seiner persönlichen Arbeit. Gängige Definitionen durch neue Erkenntnisse zu erweitern oder einzuschränken und somit der Begriffsbeschreibung einen anderen Gehalt zu geben, ist üblich und steht ausserhalb jeder ernst zu nehmenden Diskussion.

Freundliche Grüsse

Doris Meier

Beatrix Heinen:

Lieber Herr Stamm

Mit Ihrem Artikel, geprägt von Unverstand und Ver(w)irrung, bestätigen Sie eigentlich gerade das, was Sie so vehement zu leugnen versuchen, dass nämlich aus dem Umstand, dass ein Mensch, eine Gesellschaft, schliesslich die Welt, die Problematik um das Inzesttabu nicht sieht, nicht versteht, nicht verstehen will, unermessliches Elend und Krieg erwächst. Sie sind Teil davon, noch dazu sind Sie, so finde ich, besonders verantwortlich, wenn Sie als eigentlich intelligenter Mensch und in Ihrer Stellung solch einen Unfug veröffentlichen. Sie sagen, Sie haben die Bücher von Herrn Widmer gelesen. Zudem hat er Ihnen mehrfach Einblick in sein Leben gewährt und Ihre Fragen beantwortet. Trotzdem haben Sie scheinbar nichts verstanden. Aber eben, wie kann man jemanden für Wirklichkeit wecken, wenn er um jeden Preis weiterschlafen will? Hoffnungslos ist das, einfach hoffnungslos. In Liebe und Freundschaft zu denen, die Wahrheit und Freiheit suchen.

Mit freundlichen Grüssen

Beatrix Heinen

Darauf folgte Hugo Stamms Standardantwort, woraufhin Beatrix ihn nach der Quelle für das Zitat *«Überhaupt sei der Inzest ein wunderschöner Prozess»* fragte. Er gab ihr Buch und Seitenzahl an, dann schrieb sie ihm abermals:

Sehr geehrter Herr Stamm

«Überhaupt sei der Inzest ein "wunderschöner Prozess"» – das, so behaupten Sie in Ihrem Artikel, habe Herr Widmer geschrieben. Auf meine Nachfrage geben Sie mir Auskunft, ich fände die Aussage im Buch «Inzesttabu» auf Seite 205, jedoch kann ich eine solche dort (und auch anderswo) erwartungsgemäss nicht finden. Nur ein kleiner journalistischer Fauxpas? Nein, das wissen wir, es ist keiner.
Psychologisch interessiert und geschult bin ich nach dreimaligem Lesen endlich dahintergekommen, was Sie sich zusammengebastelt haben. Das ist schon ungeheuerlich und ich frage mich, wie Sie so etwas frech schreiben können, ohne sich zu schämen. Aber das geht scheinbar.

232

Ich grüsse Sie und schliesse ab mit einer anderen, diesmal wirklichen Aussage von Herrn Widmer, die ich interessanterweise genau auf dieser Seite 205 fand:
Denn die Lösung hätte nicht darin bestanden, dass sich dein Vater oder deine Mutter auf eine inzestuöse Beziehung mit dir eingelassen hätte. Das ist das, was der verdorbene, ehrbare Geist immer falsch versteht.

Beatrix Heinen

Dario Principi:

Guten Tag Herr Stamm

Ich habe über Umwege erfahren, dass Sie mit der Kritik von vielen Personen nichts anfangen können, weil diese nicht sagen, was genau an Ihrem Artikel falsch sei. Ich kann Ihnen sagen, was das ist. Sie vermitteln mit dem Artikel den Eindruck, Samuel Widmer und somit die Kirschblütengemeinschaft würden den Inzest gutheissen, ihn sogar praktizieren. Das ist halt einfach falsch. Da können sie noch so viele Zitate verwenden, wenn Sie diese in einen völlig falschen Kontext stellen. Ich bin selbst in der Gemeinschaft aufgewachsen und weiss, wovon ich rede. Wenn Sie es besser wissen wollen als ich, dann bezeichne ich Sie als Lügner und Sie sind meiner Meinung nach nicht ernst zu nehmen.
Es tut mir leid, dass ich so forsch sein muss. Aber es tut

einfach weh, dass immer ohne Grund so über meine Eltern hergezogen wird.

Warum ist das so?

Mit traurigem Herzen grüsst

Dario Principi

Liebe Blüten ...

... Gerade habe ich meinem Liebsten, der noch in Indien weilt, ein paar Zeilen geschrieben. Für die von euch, die es interessiert, hier ein Auszug daraus, der Einblick gibt in mein momentanes Sein:

Liebster

Heute hat Hugo Stamm im Tages-Anzeiger ein «Porträt» von Samuel veröffentlicht – schrecklich. Es gibt mal wieder wunderbar Einblick in die Wirrungen des menschlichen Geistes, in die totale Blindheit und Borniertheit. Gerade höre ich die Originalaufnahmen des Gesprächs zwischen Stamm und Papa. Der Typ hat einfach nichts kapieren wollen und hat auch tatsächlich nichts verstanden. Und dann im Bericht sauber genau das Gegenteil davon geschrieben, was Samuel erzählt und lebt. Tja, es bleibt einem echt nur, den Kopf zu schütteln.

Normalerweise habe ich keine Mühe damit, dass wir nicht verstanden werden, dass wir nicht geliebt werden, dass wir nicht gewollt sind. Normalerweise kann ich die Ohnmacht und das Ausgeschlossensein relativ gut schlucken. Im Moment jedoch finde ich das Thema herausfordernd. Es eröffnet sich mir eine tiefere Ebene darin. Ich merke mehr als bisher, was es heisst, einfach nicht verstanden zu werden. Und dass es echt null Möglichkeit gibt, durch den verwirrten Geist der Menschen durchzudringen. Und natürlich schwingt da auch die Frage mit, wer alles zu den Menschen gehören wird, die uns und mich nicht verstehen. Sind es nur die «Wissenschaftler», die «Gesellschaft»? Gibt es auch in der Gemeinschaft einige davon, in der eigenen Familie, unter den bisher nächsten Freunden? Wer ist verlässlich? Bin ich es selber? Ja, diese Auseinandersetzungen beschäftigen mich gerade, Liebster. Sehr gut finde ich das. Ich bin froh, für die Welt zu erwachen und für die Menschen. Aber es kostet mich schon noch etwas, das Beharren daran aufzugeben, dass irgendwo in jedem Menschen ein guter Kern steckt. Wirklich anzuerkennen, dass man, wenn es darauf ankommt, alleine gelassen wird.

Aber eben – ich bin ganz glücklich gerade. Es ist wie immer eine schrecklich-schöne Auseinandersetzung.

Soweit mein Brief an meinen Liebsten.

Habt eine wohlige Nacht.

Rahel

Begriffserklärungen zum Inzesttabu

Von Manfred Dreier

Wenn jemand in der Verwirrung steckt, scheint es schier unmöglich zu sein, ihm irgendetwas erklären und beibringen zu können. Der Bericht von Hugo Stamm im Tages-Anzeiger online vom 12.02.2015[47] ist ein typisches Beispiel dafür. Da Herr Stamm ziemlich fahrlässig die Begriffe Inzest, Inzesttabu und Inzestverbot durcheinander mischte, trug er nicht zur Klärung, sondern zu weiterer Verwirrung bei. Unterschwellig werden dann vor allem Bilder, Ängste und kranke Fantasien transportiert und bedient.

Ich schreibe diese Stellungnahme nicht in der Hoffnung bei einem unserer[48] Kritiker oder bei einem derer, die uns partout missverstehen (wollen), irgendein Umdenken zu erreichen, das wäre utopisch, daran zu glauben. Aber wenn wir aus unseren Reihen nicht immer wieder beharrlich unsere Sichtweise darlegen, wird das über uns Geschriebene für die Wahrheit gehalten und weiter erzählt. Ja, sogar unsere stillschweigende Zustimmung

---

[47] Hugo Stamm, Besuch beim Sex-Guru, Tages-Anzeiger online 2015, abgerufen von tagesanzeiger.ch/schweiz/standard/Besuch-beim-SexGuru/story/17036363, Zugriff am 04.03.2015

[48] Wenn ich von «wir» und «uns» spreche, meine ich Avanti, die Internationale Ärztegesellschaft für Echte Psychotherapie und Alternative Psychiatrie und sinngemäss auch die Kirschblütengemeinschaft. Dennoch stehe ich für mein Wort alleinig verantwortlich da. Dabei lehne ich jegliche Haftung ab für die Konsequenzen, die einem Leser aus der Lektüre, dem Gebrauch oder Nichtgebrauch dieses Wissens entstehen.

könnte daraus gelesen werden. Deshalb erläutere ich hier
noch einmal kurz die Begriffe, die immer wieder zu Missverständnissen Anlass geben.

Tabu

Das Wort Tabu (ursprünglich ta pu) stammt aus der Sprache der Tonga in Polynesien[49]. Es wurde von James Cook
im Jahre 1777 im Rahmen seiner Südseereisen aufgegrif-
fen und nach Europa gebracht. Während Cook Tabu
noch vorsichtig mit «Verbot» übersetzt hatte, erweiterten
spätere Forschungsreisende den Wortsinn: Tabu war
auch «heilig», «geschützt» oder «unrein».[50]
An der Europa-Universität Viadrina in Frankfurt an der
Oder gab es an der Kulturwissenschaftlichen Fakultät
einen Forschungsbereich «Tabuforschung». Die Forscher
unterscheiden den Tabubegriff sehr vielschichtig: *Zu
unterscheiden sind in begrifflicher Hinsicht «Objekttabus»
(tabuisierte Gegenstände, Institutionen und Personen) und
«Tattabus» (tabuisierte Handlungen), die durch «Kommuni-
kationstabus» (tabuisierte Themen), «Worttabus» (tabuisierter
Wortschatz) und «Bildtabus» (tabuisierte Abbildungen) be-
gleitet und abgesichert werden, die ihrerseits wiederum durch
«Gedankentabus» (tabuisierte Vorstellungen) und «Emotions-*

---

[49] Schröder, H., Tabus, interkulturelle Kommunikation und
Fremdsprachenunterricht, 1997, in: A. Knapp-Potthoff und M.
Liedke (Hrsg.): Aspekte interkultureller Kommunikations-
fähigkeit (= Reihe interkulturelle Kommunikation 3), München
1997: iudicium. Seite 93-106
[50] Schmidt, A., Tabu, 1987, Bernard Streck (Hrsg): Wörterbuch
der Ethnologie, Köln, Seite 219

tabus» (tabuisierte Gefühle) gestützt werden.[51]

Tabus regeln das Zusammenleben von Urvölkern, die keine schriftliche Gesetzgebung kennen. Aber auch Hochkulturen und unsere moderne westliche Gesellschaft kennen wahrscheinlich genauso viele Tabus. Als Kind lernt man sehr früh, über welche Dinge man nicht sprechen darf, welche Handlungen nicht ausgeführt werden dürfen. Auf Tabuverletzungen wird mit Sanktionierung, Beschämung und/oder Einflössen von Angst- und Schuldgefühlen reagiert. Intuitiv übernimmt ein Kind aus Angst vor diesen Konsequenzen die Tabus seiner Umwelt.

Die Verwirrung, Kritik und gar Anfeindungen, mit denen wir uns immer wieder konfrontiert sehen, sind Ausdruck dieser Reaktion auf Tabuverletzungen. Dabei sind die Reaktionen dieselben, ob nun ein Worttabu oder ein Tattabu gebrochen wird. Als Psychotherapeut und für unsere Forschung ist es aber wichtig, dass wir über alles reden können, auch über das, was tabu ist. Jeder Umstand, jedes Gefühl muss wahrgenommen und benannt werden können. Anersherum folgt aus der tabuisierten Ansprache einer Angelegenheit bald auch eine Wahrnehmungsschranke bis dahin, dass es uns gar nicht mehr auffällt, dass wir dort nichts mehr wahrnehmen. Ein blinder Fleck entsteht. Und das nicht nur beim Klienten, sondern auch beim Therapeuten. Wenn wir im psychotherapeu-

---

[51] Balle, C., Tabubegriff, 2007, Europa-Universität Viadrina in Frankfurt (Oder), Kulturwissenschaftliche Fakultät, abgerufen von
kuwi.europa-uni.de/de/lehrstuhl/sw/sw2/forschung/tabu/tabubegriff/index.html, Zugriff am 04.03.2015

tischen Kontext von Tabu sprechen, meinen wir vor allem die verbotene Wahrnehmung und das Verbot darüber zu sprechen.

Inzest

1. familiär

Inzest ist definiert als sexuelle Vereinigung (oder Heirat) zwischen nahen blutsverwandten Personen (z.B. Vater und Tochter, Mutter und Sohn, Bruder und Schwester, Grossvater und Enkelin etc.). Dabei gibt es gewaltsame Übergriffe, mit Wohlwollen erschlichener oder verantworteter Inzest, letzterer vor allem unter Geschwistern und Halbgeschwistern. Alle drei Subkategorien zeigen ihre typischen Erscheinungs- und Symptombilder.

2. therapeutischer Inzest

Therapeutischer Inzest ist definiert als sexuelle Begegnung eines/r Therapierenden und einer Klientin oder eines Klienten; je nach Auslegung gilt dies nur während der Dauer des Therapieverhältnisses oder auch darüber hinaus. Dabei ist nicht ausschlaggebend, ob es einvernehmlich war oder nicht.

3. ehrbarer Inzest

Ein von Samuel Widmer eingeführter Begriff, der das Verhalten von «ehrbaren» Vätern (und Müttern) beschreibt, wenn sie mit inzestuösen Liebesregungen zwischen ihnen und ihren in die Pubertät kommenden Kindern konfrontiert sind. Da sie mit diesen Gefühlen nicht umgehen können und einen Übergriff ihrerseits verhindern wollen, weisen sie das Kind zurück. Dies ist oft auch für den Elternteil eine unbewusste Reaktion, für das Kind auf jeden Fall eine nicht nachvollziehbare, plötzliche Grenze im Kontakt zum gegengeschlechtlichen Elternteil. Auf diese Zurückweisung lassen sich Vertrotzung gegen die Eltern, gegen das andere Geschlecht oder gegen die Welt als Ganzes zurückführen. Auch Verlust von Selbstwertgefühl, Urvertrauen, Vertrauen in die Liebe, und der Verlust von wahrhaftigem Bezogensein rühren daher. Der ehrbare Inzest ist die verbreitetere und akzeptierte Reaktion auf die Schwierigkeit im Umgang mit dem Inzesttabu. Widmer weist als Erster daraufhin, dass diese Zurückweisung ähnlich traumatisierende und tiefgreifende Konsequenzen auf die psychische Entwicklung eines Heranwachsenden hat wie ein stattgefundener Übergriff. ... *es* [das Verhalten, welches Widmer als ehrbaren Inzest bezeichnet, Anm. des Verfassers] *müsste einer reifen und bewussten Beziehungsauseinandersetzung zwischen den Betroffenen Platz machen, die weder im Missbrauch noch in der Zurückweisung endet.*[52]

Inzesttabu

Das Inzesttabu ist die Summe von verbotenen sexuellen Handlungen, dem Reden darüber und auch schon dem Wahrnehmen von sexueller Anziehung zwischen zwei Personen, die in einem über die gesellschaftliche Norm definierten Abhängigkeitsverhältnis stehen wie Vater und Tochter, Mutter und Sohn, Therapeut und Klientin,

---

[52] Samuel Widmer, Wer heilt, hat Recht, Band II, 2010, Editions Heuwinkel Verlag, Seite 14

Lehrerin und Schüler etc. Das Inzesttabu besagt, dass über den Rahmen, über den zwei Menschen in Beziehung stehen, geregelt ist, was in dieser Beziehung an sexueller Anziehung und Nähe zugelassen ist und was nicht. Es darf nicht in die Wirklichkeit zwischen zwei Menschen geschaut werden. Und dabei erstreckt sich der Wirkungsbereich des Inzesttabus auch in Bereiche, die nach Definition gar keine inzestuösen Beziehungen sind. So ist es zum Beispiel auch tabu, sexuelle Anziehung zum Mann der Freundin oder zur Frau des Freundes wahrzunehmen und auszudrücken. Die beiden dürfen nicht als zwei selbstverantwortliche Erwachsene schauen, was die Wahrheit zwischen ihnen ist, welcher Ausdruck der Liebe für sie stimmig ist und welcher nicht.

Wenn wir vom Inzesttabu sprechen, und insbesondere von dessen Aufhebung, meinen wir, dass es frei sein muss, Liebe und sexuelle Anziehung zwischen zwei Menschen wahrnehmen zu dürfen, sie auszudrücken und darüber zu reden – egal in welchem gesellschaftlichen Kontext die zwei betroffenen Menschen stehen. Mit Aufhebung des Inzesttabus meinen wir explizit nicht, dass sexuelle Begegnungen in der Therapiestube oder zwischen nahen Verwandten stattfinden sollen. Auch finden wir das Inzesttabu nicht etwas grundsätzlich Falsches, das überall und für alle aufgehoben werden muss. Noch braucht die Welt dieses. Es ist eine notdürftige Lösung für eine Schwierigkeit, mit der die Menschheit noch nicht umzugehen gelernt hat.

Doch welche negativen Konsequenzen hat ein Fortbestand des Inzesttabus? Das Tabu, das Redeverbot schützt nicht die Opfer, sondern vor allem die Täter, da es den Opfern schwerer fällt, gegen das Tabu das Schweigen zu brechen. Siehe auch unter Abstinenzgebot weiter unten im Text.

Inzestverbot

Inzest ist nicht nur in nahezu jeder Kultur auf dieser Welt tabuisiert, sondern fand auch fast überall[53] Eingang in die Gesetzgebung. Dabei besteht die Schwierigkeit, dass das Inzestverbot auf dem Inzesttabu aufbaut. Das Gesetz baut also auf einem schwer zu fassenden, nicht ansprechbaren sozialen Kodex auf. Gesetzgebung hingegen sollte diskutierbar und rational nachvollziehbar sein. *Tabu und Recht repräsentieren diametral gegenläufige, einander widersprechende Lebenswelten: Tabu steht für archaische Denkstrukturen, irrationale und tribale Verhaltensweisen, Recht hingegen für rationale Gestaltung der Welt aus dem Geiste aufgeklärter Vernunft.*[54]

2010 brachte der Schweizer Bundesrat den Vorschlag in die Vernehmlassung, den «Inzestartikel» (Art. 213) aus dem Strafgesetzbuch zu streichen. Im erläuternden Be-

---

[53] Es gibt aber auch zahlreiche Länder, in denen Inzest kein Straftatbestand darstellt wie Frankreich, Niederlande, Portugal, Spanien, Türkei, Russland, China, Elfenbeinküste. Quelle: Online Focus, Inzest in vielen Ländern nicht strafbar, abgerufen von focus.de/panorama/welt/tid-9231/inzest-urteil aid 265018.html, Zugriff 17.03.2015
[54] Depenheuer, O. (Ed.), Recht und Tabu, 2003, Springer-Verlag, Klappentext

richt[55] argumentierten sie, dass die für die Gerichte relevanten Fälle von Missbrauch in der Familie durch andere Strafrechtsartikel genügend abgedeckt sind (Artikel 187 bis 191: sexuelle Handlungen mit Kindern, sexuelle Handlungen mit Abhängigen, sexuelle Nötigung, Vergewaltigung und Schändung). Auch das Argument, dass verhindert werden soll, dass behinderte Kinder gezeugt werden, greife zu kurz. *Zum einen wird der Tatbestand des Inzests auch ohne Entstehung einer Schwangerschaft oder Geburt eines Kindes erfüllt. Zum anderen ist nicht blutsverwandten Personen, bei denen aufgrund ihrer entsprechenden Anlage das Risiko von Erbkrankheiten besteht, die Fortpflanzung nicht verboten.*[56] Es folgten heftige Reaktionen in den Parlamenten und in der Öffentlichkeit. Die Vernehmlassung wurde 2012 abgeschlossen. Wie das Procedere dann weiterging, konnte ich nicht herausfinden.

Echte Psychotherapie

Worin unterscheidet sich die «Echte Psychotherapie» von den üblichen Psychotherapien? Woran – wenn nicht alleine an dem zugegebenermassen etwas provozierenden Titel – nimmt die Fach- und Laienwelt Anstoss? Widmer

---

[55] Bundesrat, Eidgenössisches Justiz- und Polizeidepartement, Erläuternder Bericht zum Bundesgesetz über die Harmonisierung der Strafrahmen im Strafgesetzbuch, im Militärstrafgesetz und im Nebenstrafrecht, 2010, abgerufen von admin.ch/ch/d/gg/pc/documents/1935/Bericht.pdf, Zugriff 17.03.2015

[56] Bundesrat. Eidgenössisches Justiz- und Polizeidepartement, Erläuternder Bericht zum Bundesgesetz über die Harmonisierung der Strafrahmen im Strafgesetzbuch, im Militärstrafgesetz und im Nebenstrafrecht, 2010, abgerufen von admin.ch/ch/d/gg/pc/documents/1935/Bericht.pdf, Zugriff am 17.03.2015, Seite 29

fasst seine zwei Hauptthesen zur Inzest- und Beziehungs-
problematik folgendermassen zusammen:

*1. Keine Beziehungsangelegenheit kann durch Verbote, Gebote
und Tabus geregelt werden; jeder diesbezügliche Versuch wird
lediglich zur Beendigung des Bezogenseins führen. Es braucht –
und dies unter anderem auch um die Frage des Inzesttabus –
eine lebendige und wahrhaftige Auseinandersetzung von Du
zu Du. Ohne dass die Menschheit sich dieser Tatsache stellt
und die Dreiecksproblematik, die sie beinhaltet, löst, wird es
unter den Menschen und insbesondere zwischen Männern und
Frauen keinen Frieden geben.*

*2. Daraus folgt unmittelbar, dass auch im therapeutischen Pro-
zess der therapeutische Auftrag erst geglückt sein kann, wenn
es gelungen ist, die therapeutische Beziehung aus ihrem Muster
und aus allen Mustern überhaupt herauszuführen in ein lebendiges, einmaliges, authentisches und erwachsenes Bezogensein
von Du zu Du, das niemanden etwas angeht als die beiden
selbstverantwortlichen Betroffenen und in das niemand einen
Keil wird treiben können, sofern es wirklich und wahrhaftig in
die Liebe – das Ziel jeder Therapie – hineinerlöst wurde.* [57]

In einer gutachterlichen Stellungnahme von Dr. Theodor
Seifert zum Buch «Von der unerlösten Liebe zwischen
Vater und Tochter»[58] schreibt dieser: *Das Buch schließt hier
an die bis heute gültige These von Sigmund Freud an, dass die
ödipale Situation, die Lösung des Liebesproblems zwischen
Mutter und Sohn, Sohn und Mutter, Vater und Tochter und
Tochter und Vater für die weitere Entfaltung des Lebens, die*

---

[57] Samuel Widmer, Des Kaisers Nacktheit – des Kaisers
Dummheit, 2003, Basic Editions, Seite 275
[58] Samuel Widmer, Von der unerlösten Liebe zwischen Vater
und Tochter, 1995, Heuwinkel Verlag

menschliche Beziehungsfähigkeit überhaupt und die Heilung von neurotischen Erkrankungen grundlegend ist. (...) In der modernen psychoanalytischen Entwicklungspsychologie hat man die entscheidende Bedeutung der Triangulierung, wie sie heute meist genannt wird, erkannt. Fixierungen in der frühen Dyade, meist der Mutter-Kind-Dyade, sind häufig sehr einengend und Inhalt vieler neurotischer Entwicklungen; die Möglichkeit der Beweglichkeit zwischen einer differenzierten dyadischen und zugleich auch triangulierten Beziehung ist die Basis eines gelingenden Lebens in Beziehung.[59]

Was Seifert als Triangulierung bezeichnet, nennt Widmer Dreiecksfähigkeit, die Fähigkeit zu dritt oder zu mehreren einander zu lieben, wechselnd das Ausgeschlossensein auszuhalten und daraus nicht boshaft oder neidisch auf die anderen zu reagieren. Diese Fähigkeit – so Widmers erste These – braucht es, damit unter den Menschen und insbesondere auch zwischen den Geschlechtern Frieden herrschen kann. Die Analyse vieler Konflikte zeigt im Kern fast immer, dass mindestens eine Partei die Gefühle von Ausgeschlossen- und Alleinsein nicht aushält und daraus mutwillig die andere Partei zu schädigen versucht. Die zweite These drückt die künstliche Beschaffenheit und die Beschränktheit einer therapeutischen Beziehung aus und fordert zur Genesung des Klienten deren Überführung in ein einmaliges, authentisches und erwachsenes Bezogensein von Therapeut und Klient.

---

[59] Samuel Widmer, Inzesttabu, Band I, 2010, Heuwinkel Verlag, Seite 63 ff

Abstinenzgebot

In Gesetzestexten, Standesregeln und Therapiericht-
linien wird gefordert, dass ein Therapeut sich einem
Klienten/einer Klientin gegenüber «abstinent» verhalten
soll. Ein Therapiebündnis soll durch den Therapeuten
weder emotionell, noch materiell, noch sexuell ausge-
nützt werden[60]. Wer mag einer solchen Forderung widersprechen? Wohl niemand. Doch das Problem ist ein
anderes. Obwohl solche Gesetze und Richtlinien seit
Jahrzehnten bestehen, bleibt die Zahl derer, die sie übertreten, unverändert hoch. Es werden Zahlen genannt von
7–11 % aller männlichen und 2 bis 3,5 % aller weiblichen
Psychotherapeuten, die mindestens einmal in ihrer
Berufslaufbahn ein sexuelles Fehlverhalten begehen[61].
Dabei ist die Zahl der Wiederholungstäter hoch: in Studien werden 33 bis 80 % genannt[62]. Wir müssen also der
Wirklichkeit ins Auge schauen, dass wir mit Verboten
und Richtlinien, mit «Null-Fehler-Toleranz» und Strafandrohungen diesem Problem nicht Herr werden. Und
darüber hinaus schaden Verbote und Tabus sogar, weil
auch für aufrichtige Therapeuten das Inzesttabu unhin-
terfragbar zementiert wird, und sie somit keinem Klienten helfen können dieses zu überwinden.

Das Problem ist eben nicht im Aussen zu lösen, sondern

---

[60] Verbindung der Schweizer Ärztinnen und Ärzte,
Standesordnung FMH, 2014, abgerufen von
fmh.ch/files/pdf16/Standesordnung_20150215dt.pdf, Zugriff am
04.03.2015, Seite 5
[61] Franke, I., Riecher-Rössler, A., Frauen als Opfer von
professionellem sexuellem Fehlverhalten (PSM) durch
Psychotherapeuten, 2013, Ärztliche Psychotherapie, 8: Seite 200
[62] ebenda

nur im Therapeuten selbst. Avanti proklamiert: *Der Therapeut will nichts für sich und findet durch ein waches, aufmerksames und verantwortungsvolles Schauen in jedem Moment die stimmige Haltung oder Handlung, die der Entwicklung des Klienten am besten dient.*[63] Durch eigene Therapie, Selbsterfahrung, Supervision und eingelassenem Leben in Gemeinschaft befreit sich ein Echter Psychotherapeut von seinen Konditionierungen und den Kräften seines Ichs. Er lernt, diesen still zu halten.

Sigmund Freud äusserte sich schon vor über hundert Jahren zum Thema der Liebesübertragung auf den Therapeuten beziehungsweise die Therapeutin und zur therapeutischen Abstinenz. Man könne ja leicht erwarten, dass er (Freud) postuliere, dass ein Arzt die ihm angebotene Zärtlichkeit zurückweisen soll und dass er bei der Klientin erreichen soll, dass sie von ihrem Verlangen ablasse. *Ich werde aber diese Erwartungen nicht erfüllen, weder den ersten noch den zweiten Teil derselben. Den ersten nicht, weil ich nicht für die Klientel schreibe, sondern für Ärzte, die mit ernsthaften Schwierigkeiten zu ringen haben, und weil ich überdies hier die Moralvorschrift auf ihren Ursprung, das heißt, auf Zweckmäßigkeit zurückführen kann.*"[64] Sehr richtig erkannte Freud, dass man dem Therapeuten nicht mit einer Moralvorschrift helfen kann. Mehr noch, dass man diese fallen lassen kann, ohne dass das Ergeb-

---

[63] Avanti: Internationale Ärztegesellschaft für Echte Psychotherapie und alternative Psychiatrie. Echte Psychotherapie, abgerufen von
aerztegesellschaft-avanti.org/psychotherapie.html, Zugriff am 18.03.2015
[64] Sigmund Freud, S., 1931, Schriften zur Neurosenlehre und zur psychoanalytischen Technik (1913-1926). Рипол Классик. S. 401 ff

nis ändern würde, wenn die Therapie mit der richtigen Technik durchgeführt wird. *Noch entschiedener werde ich aber dem zweiten Teile der angedeuteten Erwartung absagen. (...) Man hätte ja dann das Verdrängte nur zum Bewusstsein gerufen, um es erschreckt von neuem zu verdrängen.*[65] Hier umschreibt Freud die Wiederholung des ehrbaren Inzests. Freud nimmt vorweg, dass es einen anderen Weg als die Zurückweisung oder das Einlassen auf die Klientin geben muss. Dass er es dem Arzt zum Gebote macht, dass die Kur in der Abstinenz durchgeführt werden muss, er nun also doch wieder auf ein Gebot zurückgreift, zeigt, dass er das Problem zwar theoretisch umrissen hat, jedoch nicht für die Praxis beschreiben kann, wie ein solcher Mittelweg aussehen könnte. Daran knüpft die Forschung und Arbeit der Echten Psychotherapie an.

Manfred Dreier, 18.03.2015

---

[65] ebenda

Schlussgedanken

Cornelia Principi

In einem kleinen Dorf am Jurasüdfuss hat sich eine
Gruppe von Menschen zusammengefunden, um zusammen zu leben und zu lernen. Sie betreiben Landwirt-
schaft, gehen ihrer Arbeit nach, ziehen Kinder gross,
musizieren zusammen und treffen sich an gemeinsamen
Mittagstischen. Sie tauschen sich in Gruppengesprächen
aus, brüten über Fragen des Lebens und nehmen ihr
eigenes Inneres und ihre Beziehungen zueinander in
Augenschein. Ihr Alltag ist, oberflächlich betrachtet,
nicht sonderlich spektakulär oder gar ungewöhnlich,
ausser den Rosenbögen anstelle von Gartenzäunen zwischen den Häusern.
Vor vielen Jahren hat die Presse begonnen, über sie zu

schreiben. Als Folge davon wurden die Kinder in der Schule gemobbt und an einigen Arbeitsstellen begannen die Fragen. Arbeitsverträge wurden nicht mehr verlängert oder gar Kündigungen wurden ausgesprochen. Dennoch ist die Gemeinschaft gewachsen, hat sich entwickelt.

Wie kommt es, dass immer wieder Berichte in der Presse erscheinen, die sich wie Katastrophenmeldungen anhören? Begriffe wie «Drogenexzesse», «Missbrauch» und «Sexguru» erhitzen die Gemüter der Bevölkerung und lassen die Kirschblüten in einem Licht erscheinen, als wären sie Gemeingefährliche. Solche negativ verzerrenden Darstellungen wecken unterschiedliche Reaktionen bei den Betroffenen.

Der Briefwechsel im zweiten Teil dieses Buches dokumentiert eine solche Auseinandersetzung zwischen Menschen aus der Kirschblüte und einem Journalisten – stellvertretend für eine gängige, reisserische Berichterstattung der Medien. Abgesehen von den Emotionen, die solche Verunglimpfungen auslösen, ist diese Auseinandersetzung wertvoll und lehrreich. Es zeigt deutlich, wie schwierig es ist, etwas Lebendiges in Worte zu fassen. In Gemeinschaft zu sein, kann eigentlich nur mit allen Sinnen erfahren und gelebt werden.

Worum geht es in dieser Auseinandersetzung?

Wir alle leben mit einer bestimmten Übereinkunft, das Leben auf eine Weise zu betrachten und sich in der Welt dementsprechend zu verhalten. Allerdings besteht keine Einigkeit darüber, welche Anschauung die richtige ist. Religiöse oder politische Überzeugungen entzweien die Menschen und stiften Verwirrung, Konflikte und Feindschaften. Eine Gruppierung glaubt, es gibt einen Gott, die andere glaubt, es gibt keinen. Eine glaubt an staatliche Kontrolle und an die Lenkung politischer Parteien, eine andere an die Privatwirtschaft. Eine Vereinigung glaubt, dass uns nur ein Erlöser retten kann, eine andere glaubt das nicht. Jede Gruppe besteht auf ihrem Glauben und versucht, sich zu behaupten. Dennoch sprechen alle von Liebe und Frieden.

Kollektive Vereinbarungen infrage zu stellen und ernsthaft nach wirklich neuen Möglichkeiten der Lebensgestaltung zu forschen, wird von vielen Menschen nicht gewollt und nicht verstanden.

Die Menschen der Kirschblütengemeinschaft haben sich aufgemacht, religiöse Glaubenssätze und hierarchische Strukturen kritisch zu beleuchten. Sie richten sich aus, gemeinsam die Natur des Menschen zu erkunden, weil sie erkannt haben, dass der Mensch allein das Problem sein muss. Man kann sich auf den Kopf stellen, den Eltern, den Vorfahren, den Andersgläubigen, den Kriminellen, den Reichen oder den Politikern die Schuld für unser zerstörerisches Verhalten auf diesem Planeten geben. Doch es lässt sich nicht leugnen, dass wir Menschen von Menschen erzogen, geprägt und verbogen wurden. Und wir Menschen sind es, die sich um das Weiterleben kümmern müssen.

Wenn wir erwachen und entdecken, dass wir die Verursacher der Probleme auf der Welt sind, stehen wir vor einer schwer verdaubaren Wirklichkeit. Daraus entspringt keine einfache Aufgabe. Aber diese Aufgabe betrifft uns alle.

In der Erforschung der Ursachen der menschlichen Misere trifft man unweigerlich auf Tabus. Und wer Tabus bewusst machen will, tritt in eine gefährliche Zone der Projektionen und Bilder derer, die ihren Geist (noch) nicht für solche Fragen öffnen wollen oder können.

Grosse Tabus sind Geld, Macht, Besitz, Tod und eben die Wirklichkeit der Anziehung zwischen Menschen – das sogenannte «Inzesttabu».

Wer sich – vor allem durch Selbsterkenntnis – an deren Bewusstwerdung heranmacht und damit auch noch öffentlich wird, hat mit Widerstand zu rechnen. Er stösst im Aussen genau auf die Geisteshaltungen, auf die mentalen Strukturen, die unser derzeitiges Zusammenleben auf der Erde beherrschen und das Leben offensichtlich immer mehr zerstören.

Deshalb ist es notwendig, sich solchen Auseinandersetzungen zu stellen, um daran zu wachsen. Einander Gehör zu schenken, anstatt sich in Wortgefechte zu verwickeln. Miteinander möglichst in Stille in den Dialog zu treten, um gemeinsam unsere unterschiedlichen Haltungen zum Leben zu betrachten. Eine grosse Herausforderung.

Nach den vielen Worten laden wir dich, liebe Leserin, lieber Leser zum Schluss zu einem Spaziergang in die Berge ein. http://www.muessiggang.com/

Cornelia Principi, im Mai 2019

Literaturliste

Von Karin Engelkamp ist bisher folgender Buchtitel erschienen:

Liebe im Feld – Briefe und Gedichte der Kirschblütengemeinschaft sowie Aktivitäten und Entwicklungen in
den Jahren 2008 bis 2016, epubli Verlag, 2017. Diese Ausgabe ist inzwischen vergriffen (einzelne Exemplare sind
noch unter info@textengel.ch erhältlich) und seit März
2019 als gekürzte Neuauflage erhältlich:

Liebe im Feld – Ein Briefwechsel unter Freunden, Taschenbuchausgabe 2019, BoD Verlag, ISBN-Nr.: 9783748182573
https://www.textengel.ch/liebe-im-feld/

Von Cornelia Principi ist bisher folgender Buchtitel erschienen:

Das Flüstern der Insel, 2017, Roman, Craft Verlag
ISBN: 9783981076462

In Arbeit befindliche Buchtitel von Karin Engelkamp:

Samuel Widmer – Das Leben eines Kriegers
Biographie
https://www.textengel.ch/samuel-widmer-das-leben-
eines-kriegers-2/

Das Buch wird voraussichtlich 2020 erscheinen.

Tantra – das Praxishandbuch

Mit zahlreichen Übungsideen und Anleitungen – entwickelt von der deutschen Tantrameisterausbildungsgruppe unter der Leitung von Samuel Widmer und Danièle Nicolet 2014 bis 2018

In Zusammenarbeit mit Marlene Graf-Bornhütter und der deutschen Tantrameistergruppe

https://www.textengel.ch/tantra-das-praxishandbuch/

Das Buch wird voraussichtlich 2020 erscheinen.